T0247000

BESTSELLER

Josefina Vázquez Mota fue en 2012 candidata a la presidencia de México por el Partido Acción Nacional. Economista de carrera, fue la primera mujer en ocupar el cargo de secretaria de Desarrollo Social y también la primera secretaria de Educación Pública de México. Se le reconoce como una figura política que emerge de la sociedad civil y de los sectores empresariales, representando los valores de la libertad y la democracia.

En 1999 publicó su primer libro con el provocador título: *Dios mío, hazme viuda por favor*, del que se han vendido más de un millón de ejemplares. En 2011 publicó *Nuestra oportunidad. Un México para todos*, en donde entrevista a líderes mundiales de los sectores económicos y políticos. Su libro *El sueño que unió la frontera* es un reconocimiento a los miles de mexicanos que viven en Estados Unidos, quienes, al integrarse a una sociedad diferente, han obtenido éxitos aparentemente individuales, pero que muestran en realidad a una comunidad que contribuye de manera clara y decidida al desarrollo de la nación que los ha recibido.

JOSEFINA VÁZQUEZ MOTA

DIOS MÍO, HAZME VIUDA POR FAVOR

El desafío de ser tú misma

DEBOLS!LLO

El papel utilizado para la impresión de este libro ha sido fabricado a partir de madera
procedente de bosques y plantaciones gestionadas con los más altos estándares ambientales,
garantizando una explotación de los recursos sostenible con el medio ambiente y beneficiosa para las personas.

Penguin
Random House
Grupo Editorial

Dios mío, hazme viuda por favor
El desafío de ser tú misma

Primera edición en Debolsillo: febrero, 2023

D. R. © 1999, Josefina Vázquez Mota

D. R. © 2023, derechos de edición mundiales en lengua castellana:
Penguin Random House Grupo Editorial, S. A. de C. V.
Blvd. Miguel de Cervantes Saavedra núm. 301, 1er piso,
colonia Granada, alcaldía Miguel Hidalgo, C. P. 11520,
Ciudad de México

penguinlibros.com

Diseño de portada: Penguin Random House
Ilustración de portada © Lobatón

ISBN: 978-607-382-709-6

Impreso en México – *Printed in Mexico*

A Sergio, por su solidaridad

Con profundo amor para mis hijas,
María José, Celia María y Monserrat

Para mis papás que son mi aliento e inspiración

Para mis hermanos y mis sobrinos,
por su generosidad y alegría

Índice

Introducción

¿Quién es mi principal contrincante? Yo mismo.
¿En dónde cabe el mundo? En mis dos manos.
¿Qué es lo inevitable? La felicidad.

La reacción de mi esposo al oír este título probablemente será la de muchos otros: creer que este libro es un compendio de amarguras y deseos de resolver la vida eliminando a otros. Nada más lejos de mi propósito real.

Dios mío, hazme viuda por favor es un llamado al ser humano, a la mujer, al hombre, al joven, para asumir el reto y la aventura de vivir.

Tomar las riendas de nuestra vida, ejercer la libertad en lo cotidiano y trascendente, cobrar conciencia de que poseemos inteligencia y voluntad, parecen ser hoy una de las tareas más difíciles que enfrenta el hombre a principios del tercer milenio.

La cultura e idiosincrasia de esperar que sea el entorno —gobierno, políticos, escuelas, empresas, sindicatos, nuestros padres, la Virgen de Guadalupe y Dios— quien decida y resuelva por nosotros y nos dé las respuestas para aquello que no queremos o sabemos enfrentar es más cotidiano de lo que siquiera sospechamos.

Aún en pleno siglo XXI, muchas mujeres están adormecidas y sin cobrar conciencia de su valor y dignidad como personas. La creencia de que nacemos incompletas y debemos, por tanto, ganarnos el amor de los demás y su aprobación para ser felices, sigue siendo un obstáculo enorme para este despertar.

Para muchas mujeres el entorno resulta adverso en su posición socioeconómica, estado civil y edad. Es claro entonces que seguir esperando a que todo cambie nos colocaría en un terreno de renuncia al ejercicio de la libertad, al reto de convertirnos en alguien y asumir la maravillosa y única oportunidad de vivir nuestras vidas.

Las mujeres que piden permiso en lugar de dárselo, las que de forma sumisa aceptan la infidelidad, los maltratos físicos o psicológicos, las que enseñan a sus hijos que ellos están para ser atendidos y a sus hijas a que sirvan a sus hermanos por el solo hecho de haber nacido mujeres, las que por miedo se aferran a quien no las ama o aceptan violentar sus creencias y valores con tal de ser aceptadas y sentirse queridas porque nadie les ha dicho que merecen el amor y no lo tienen que ganar, las ejecutivas que en múltiples ocasiones juegan el papel de ejecutadas, olvidándose de sí mismas.

En esta obra intento reflexionar sobre aquellos gritos de miedo que nos impiden crecer como seres humanos.

Si a alguien le asustó el título de este libro, espero haber dejado claro la clase de viudez a la que me refiero.

Quiero ser viuda:

- Del miedo a ser yo misma.
- De todo aquello que me impida el ejercicio de mi libertad.
- Del activismo sin razón.
- De la soledad.
- De los rencores y resentimientos.
- De la arrogancia al pensar que poseo la verdad.
- De los prejuicios que me limitan para aprender y disfrutar de los demás y de mí.
- Del desamor, la indiferencia y el hastío de vivir.
- Del olvido de Dios; porque es reconfortante y prometedor saber que gracias a tu infinito amor, haga lo que haga y esté donde esté, siempre puedo volver a él.

Aprendiendo a amarme

Anulamos tres cuartas partes de nosotras mismas,
con el fin de complacer a los demás.

Tener autoestima es sentirnos capaces de vivir la vida, de elegir y, al hacerlo, optar por aquello que nos hace crecer y ser mejores. A la gran mayoría de las mujeres no nos enseñan a amarnos y, a lo largo de nuestras vidas, ejercemos el mandamiento de *amarás al prójimo*, pero olvidamos vivir el final de la sentencia, *como a ti mismo*.

Aprender a amarnos es garantía de nuestra supervivencia en un entorno complejo donde quererse a sí mismo es calificado de egolatría, mientras que el amor dirigido a otros es considerado altruismo. Por ello, las mujeres seguimos buscando nuestra felicidad en la aprobación y aceptación por parte de los demás.

Muchas niñas aún son educadas como un ser dependiente, incapaz de valerse por sí mismo en muchos asuntos de la vida cotidiana relacionados con el trabajo productivo, y su sexualidad le es prohibida en casi todas sus manifestaciones. En cambio, se le estimula en lo relacionado con el hogar: los juegos de cocina, la costura y el cuidado de los niños, teniendo como su primer ensayo las muñecas. Pareciera que existe un orden que le prohíbe traspasar esos límites. En cambio, a los varones se les insta a hacerlo. La niña es una especie de inválida —y esto tiene relación con determinadas regiones y clases sociales—, siempre hay alguien que se presta para suplir sus deficiencias. Alguien que la ayuda a vestirse, peinarse y lavarse. Aun cuando no exista ese apoyo, desde pequeñas recibimos un catálogo rígido e inflexible de lo que podemos o no hacer, de lo que distingue a una niña buena y cómo evitar cumplir los requisitos de la niña mala. Las niñas decentes contestan "Favor que usted me hace" cuando reciben un halago, y así inicia el camino por el cual el "qué dirán" se convierte en el centro de nuestras vidas. A la invalidez y los temores se les ofrece una salida: la dependencia.

Una de las consecuencias es que la autoestima de la mujer está en función de la opinión y aceptación de los demás. En decisiones cotidianas, como cortarse el cabello, hay quien hace una consulta de orden popular —amigas, suegra, pareja, compañeros de trabajo— para decidir lo que le va bien. Una vez sentada frente al peluquero, éste le hará cambiar de opinión, y lo primero que hará al salir de ahí será preguntar, con un gesto de angustia, a cualquier persona que se cruce en su camino, "Oye, ¿cómo me veo, cómo me quedó?", esperando de antemano una respuesta aprobatoria que, de no darse, podría provocarle una severa e irreversible depresión. Así, nuestro valor personal y nuestra bondad son depositados en la aprobación de los demás.

El poco valor que en muchos ámbitos se le da a la mujer, y que ella misma se otorga, tiene raíces históricas ancestrales. Algunas sentencias podrían ilustrar por qué aun ya en pleno tercer milenio todavía hay mitos y tabúes que afectan el desarrollo de las mujeres y su capacidad de amarse a sí mismas. El entorno presenta obstáculos, pero las barreras más importantes no están fuera sino dentro de la mente y el corazón de miles de nosotras cuando nos consideramos indignas de la felicidad y hacemos de nuestras vidas una cadena interminable de sufrimientos, amputando un sinfín de talentos y posibilidades.

Algunas de las siguientes frases revelan el sentir respecto a las mujeres, mismo que se manifiesta en casi todas las religiones, países y momentos históricos del mundo:

"Pégale a tu mujer, si no sabes por qué, ella sí sabe."

Antiguo proverbio árabe

"El hombre tiene dos ojos para ver, la mujer para ser vista."

Proverbio chino

"Durante su infancia, una mujer debe depender de su padre;
durante su juventud, de su marido; si éste ha muerto, de sus hijos;
si no tiene hijos, entonces de los parientes próximos a su marido y,
en su defecto, los de su padre; y si no tiene parientes paternos,
del soberano. Una mujer nunca debe gobernarse a su antojo."

Leyes de Manu
(Libro sagrado de la India)

"La mujer virtuosa debe reverenciar a su marido constantemente,
como a un Dios."

Libro V, regla 154

"Es preferible un hombre malo que una mujer buena. La mujer es
toda malicia, ella cubre al hombre de oprobio y vergüenza."

Eclesiástico, 42, 14

Loado sea el Señor, rey del universo, por no haberme hecho mujer."

Atribuido a rabinos ortodoxos

"La mujer da al marido dos días de felicidad: el de la boda
y el del entierro."

Hiponacte de Éfeso

"El marido tiene derecho a matar a su mujer."

Confucio

"Una mujer debe ser buena para todo dentro de la casa, e inútil
para todo fuera de ella."

Eurípides

"La mujer es, por naturaleza, inferior al hombre."

Aristóteles

"La naturaleza sólo hace mujeres cuando no puede hacer hombres."

Aristóteles

"Dad a los varones el doble de lo que dais a las hembras."

Corán, libro sagrado de los musulmanes

"Las mujeres son imperfectas por naturaleza; son varones mal concebidos."

Santo Tomás de Aquino

"Estoy muy contenta de ser mujer porque así no corro el peligro de casarme con una de ellas."

Lady Mary Wortley Montagu

"Las batallas contra las mujeres son las únicas que se ganan huyendo."

Napoleón Bonaparte

"El desarrollo del cerebro atrofia la matriz."

Época victoriana

"La mujer debe guiarse por las tres K: Küche (cocina), Kirche (iglesia) y Kinder (niños)."

Otto von Bismarck

"La mujer que llegue a sentir el placer sexual tiene alma de prostituta."

Sir William Acton

"Es mejor ser hombre que mujer porque hasta el hombre más miserable tiene una mujer a la cual mandar."

Isabel Allende

"A diferencia del varón, la mujer es un hombre que no trabaja."

Esther Vilar

Es indudable que somos el sexo fuerte, pues no obstante existen estos patrones culturales y religiosos, cientos de historias de mujeres exitosas se han escrito en el mundo entero. Sin embargo, la educación tradicional incentiva a las mujeres a que las cosas y personas ajenas a nosotras asuman la responsabilidad de nuestra felicidad. Cuando nos sentimos incompletas y no cobramos conciencia de que somos adultas y estamos enteras, de que somos únicas, irrepetibles e irreemplazables, buscamos en otros lo que no somos capaces de darnos a nosotras mismas. El resultado es un vacío mayor y una gran frustración pues insistimos en buscar fuera las respuestas que llevamos dentro.

Un ejemplo de esto es el caso de las solteras, que son objeto de persecución, más aún si tienen tres o más décadas de vida, con lo que refuerzan la creencia de que las mujeres sólo pueden ser y sentirse completas al lado de un hombre. Casarse es considerado una solución al mal carácter, una condición a la realización personal y un requisito obligado para lograr la plenitud de vida. Y esto todavía es cierto para muchas mujeres.

Las solteras son promovidas con singular entusiasmo por familiares, hermanos, amigas e incluso sus padres. En ciertos grupos y culturas se ve como una tragedia que una hija haya elegido no contraer matrimonio. Hace tiempo, por invitación de una querida amiga, asistí a un curso creyendo que era para formar mejores parejas, pero mi sorpresa fue enorme cuando al llegar al hotel donde se llevaría a cabo el evento, me encontré con un grupo de aproximadamente 300 mujeres de todas las edades, clases sociales, razas y variedad de vida. En el pizarrón de la recepción se anunciaba el programa "Cómo conseguir pareja" y, aunque reconozco mi desconcierto inicial, finalmente mi curiosidad venció y decidí quedarme.

Basada en 11 reglas, la expositora, con gran solemnidad y seguridad en sí misma, leía: "Regla número uno. Sea decente y, si no lo es, pues disimule; sólo acepte invitaciones con cuatro días de anticipación; nunca le cocine al hombre de sus sueños durante los tres primeros meses; no conteste el teléfono a la primera". Estas sugerencias eran lo de menos y estoy segura que, si alguien las sigue al pie de la letra, se quedará sola de por vida.

Lo que más me llamó la atención fue la venta de pequeñas botellas de perfume que habían sido combinadas con feromonas y que, según explicaban, fueron felizmente aisladas por una doctora de origen asiático. Al untarse el perfume, las feromonas vuelan provocando que la testosterona se eleve y así ocurra la atracción en un dos por tres. Esto, aunado a lo que la expositora calificaba de *eye contact* apasionado y penetrante, volvería irresistible a la mujer portadora del perfume y la pareja caería rendida a sus pies. Debo mencionar que los pequeños frascos costaban alrededor de 40 dólares y la fila para adquirirlos no se hizo esperar. Me enteré también de que, días antes, este curso había reunido a poco más de mil mujeres en un conocido hotel de la ciudad de México.

Al llegar a la sesión de preguntas y respuestas, una señora, preocupada y angustiada, se levantó y señaló que el tratamiento no le había funcionado y, por más perfumito que se untaba, su marido no reaccionaba y la testosterona no le aumentaba. Las mujeres ahí presentes volvieron a dar su voto de fe a las feromonas cuando esta participante aclaró que tenía 45 años de casada, entonces el resto del grupo expresó "¡Menos mal!"

Que una mujer desee casarse es muy respetable, al igual que los cursos que para ello se impartan. Lo que me cuestioné al final de ese día era la verdadera razón por la que miles de mujeres estuvieran dispuestas a invertir tiempo y dinero en seguir un riguroso manual para asegurar pareja. Por más que quise convencerme de que era natural, llegué a la conclusión de que muchas de esas mujeres querían una pareja para encontrarle sentido a sus vidas, cumplir los requisitos de la sociedad, hacer realidad sus sueños de juventud y sentirse completas. Era válido disimular, mentir, fingir, perder la espontaneidad, untarse fórmulas mágicas o vestirse de tal o cual forma a cambio de no estar sola y llevar la etiqueta de soltera, quedada, amargada o fracasada.

Una expresión que refuerza lo anterior se escucha cuando un grupo de amigas llega a comer a un restaurante y la pregunta espontánea del capitán es "¿Vienen solas?", aun cuando el grupo supera la decena.

Fue una experiencia reveladora. Tal vez muchas de esas asistentes hoy se encuentren más frustradas por no obtener en un dos por tres lo que el curso aseguraba. Si reflexionamos un poco más, es claro que desde esta perspectiva se considera a quien pertenece al sexo opuesto como un semental y se descalifican su inteligencia y sensibilidad. Desde este punto de vista, atributos como la capacidad intelectual, la vida interna y las cualidades más allá del físico de la mujer, no cuentan en absoluto. También pensaba que las mujeres casadas deberían cuidar con más empeño su relación de pareja, pues hay un contingente de ellas en busca de pareja con decálogo en mano.

Cuando aceptamos todo lo que se nos ha enseñado como un dogma sin cuestionarlo, nos vamos convirtiendo en zombis, en robots, y las circunstancias dominan nuestras vidas. Así, la dependencia aumenta y se reproduce el miedo a ser nosotras mismas, a perder el afecto de los demás, a ser criticadas o diferentes, a romper las reglas y tradiciones ancestrales de la familia —aunque muchas de ellas se enfoquen más en guardar las apariencias que en crecer como personas—, a triunfar y fracasar, a encontrarnos con nosotras mismas —porque probablemente hallemos muy poco—, a perder la seguridad a la cual nos aferramos, a elegir —cuando por años nos han resuelto lo que debemos hacer—, lo que es bueno y lo que es malo —aunque nada de esto tenga que ver con lo correcto—, a pensar y cuestionar, a cambiar un neumático, a poner un fusible, a decir lo que pensamos, a vivir como sentimos, a expresar nuestros deseos, a decir sí y también no.

La dependencia y el miedo se retroalimentan y nos convierten en seres vulnerables, pequeños y víctimas del destino. La dependencia y el riesgo son incompatibles.

Cuando ignoramos nuestro crecimiento interior, preferimos complacer a los demás, actuar y hacer lo que ellos hacen. Ser diferentes, aun en lo pequeño, nos genera conflicto y alienta los temores. No podemos seguir siendo una simple repetición de lo que nos dijeron, so pena de convertirnos en una veleta que se mueve conforme a los vientos del entorno.

Las acciones que nos enseñan desde pequeñas están basadas en suposiciones que suelen ser falsas. Se nos enseña a vivir a salvo, a evitar riesgos de hacernos daño, a conformarnos con lo que somos, a amoldarnos a las circunstancias, a ser una más entre la gente y andar de puntillas por la vida, en vez de bailar y correr por ella. En consecuencia, no sabemos lo que hay disponible para nosotras.

Querernos exige decidir y tener el valor de actuar conforme a nuestros principios y valores. Querernos es lo contrario de lastimarnos, de hacernos daño, de convertirnos en enanas y enterrar nuestros talentos. Querernos es enfrentarnos a veces y ceder otras tantas: puedo acercarme o alejarme según mi elección. El amor no es el camino de la menor resistencia ni de la comodidad, es el de la felicidad. Si al nacer a una mujer se le otorgaron cinco puntos de inteligencia y creatividad, sería lamentable que terminara sólo con uno o dos porque el desamor la sumió en la apatía y la conformidad.

Lo contrario al amor es la indiferencia, y es peor cuando lo somos con nosotras mismas y adoptamos una actitud de "Ni modo, aquí me tocó nacer", "Matrimonio y mortaja del cielo bajan". Nadie puede dar lo que no posee y, si terminamos siendo nadie, eso justamente devolveremos a la vida, que nos retribuirá de igual manera. Hace años vi una de las películas más hermosas y aleccionadoras, *La historia sin fin*, donde la Nada amenazaba con destruir el mundo y la vida. La Nada era el desamor, la falta de capacidad y voluntad para soñar, para construir caminos distintos. La Nada es la ausencia de esperanza y de posibilidades. Cuando dejamos que la Nada nos invada, hemos decidido suicidarnos aunque nuestro corazón indique que el cuerpo aún tiene vida.

La Nada es el hastío y cansancio de quererme y, por tanto, de querer y aceptar a los demás tal como son. Cuando tenemos visitas en casa se saca la mejor vajilla, se limpia el baño y con frecuencia se dispone de una comida especial. Ojalá nos diéramos ese trato a nosotras mismas de vez en cuando, no como aquella pareja de casados a quienes los años les causaron estragos en lo físico y espiritual. Un día, cuando el señor veía la televisión en su habitación, escuchó un extraño ruido en la planta baja y preguntó "¿Quién anda ahí?" Su esposa, quien había tirado un florero, le contestó "¡Nadie! ¡no te preocupes!", lo que significa que ella se consideraba nadie, y así seguramente era tratada. Cuando no nos amamos, somos vulnerables, es decir, *capaces de ser heridas.*

Mujeres aburridas cuando hay tanto por ser, hacer, querer y compartir, por darnos más allá de un satisfactor material. Mujeres en cuyos años de más energía decidieron hacer de la cafetería cercana al colegio de sus hijos su segundo hogar y, mientras los mandaban a estudiar a unos y a trabajar a otros para deshacerse de ellos, las horas pasaban interminables entre la plática y plática de la vida de los demás. Elegir esta opción es respetable, pero los resultados suelen ser pobres pues vamos perdiendo la pasión y alegría por vivir. La vida se lleva a un terreno vegetativo sin desarrollar lo que tenemos dentro.

Alguna vez escuché decir a una excelente mujer que un día, al preguntar a sus hijas qué querían desayunar, le contestaron "Lo que sea", así que bajó a abrir tres huevos crudos, los vació en un plato y se los sirvió. Cuando sus hijas bajaron se sorprendieron: "¡Mamá!, ¿qué es esto?" Y ella tranquilamente les contestó: "Es *lo que sea*"; porque en la vida, al que pide *lo que sea* no solamente se le da, también se lo merece. Cuando no sabemos ni queremos elegir, dejamos que otros lo hagan por nosotras. Después nos andamos quejando de por vida porque nos casamos con *lo que sea*, trabajamos en *lo que sea*, comemos *lo que sea*, tenemos una familia como *lo que sea*.

Para muchas familias el domingo es el día de las indecisiones, y la siguiente escena se repite constantemente:

—¿Adónde quieres ir?

—Adonde tú quieras.

—¿Qué quieres comer?

—Lo que tú decidas.

—¿Cuál película te traigo?

—Pues la que tú elijas.

El desenlace suele ser desafortunado y hasta trágico, ya que nos llevaron a comer donde no queríamos, tuvimos que ver *Terminator* versión 50 y la comida era contraria a nuestra dieta. Lo que viene después es fácil adivinarlo: una cara larga y sombría, un silencio sepulcral ante el cual el interlocutor se inquieta e investiga: "¿Pero qué te sucede? ¿Dime qué tienes?" "Nada", será la clara y tranquilizadora respuesta que demos. Porque, muchas de nosotras, cuando tenemos todo encima y los instintos más rupestres nos invaden, contestamos que tenemos nada, esperando de los demás actos de clarividencia propios de la divinidad. ¡E incluso quién sabe si Dios estaría dispuesto a eso!

Si basamos nuestra autoestima sólo en lo externo, corremos el riesgo de vaciarnos por dentro. Cuando la mayor importancia se la damos a la envoltura que la naturaleza nos dio, nuestra mayor energía y voluntad se canalizarán a tener un cuerpo perfecto —que, por cierto, hoy quiere decir anoréxico— y en los increíbles costos que exige la llamada cultura del abdomen; en vestirnos como manda la moda, comportarnos como se supone que debemos hacerlo. Cuando lo mejor de nosotras lo tenemos fuera, resulta insuficiente para vivir y ser felices.

No quiero decir que cuidar nuestro físico sea equivocado, al contrario, pero pedir imposibles a la naturaleza y obsesionarse con los cuerpos de las modelos de 1.90 metros nos hará sentir en desventaja y eso justamente transmitiremos a los demás.

Es increíble la habilidad de algunas personas para detectarse defectos: barritos, arrugas, gramos de más o cualquier problema similar. Si la autoafirmación personal gira alrededor de la belleza física, esto no sólo indica una pobre vida interior, sino una muerte prematura.

Lo importante entonces no es ser bellas conforme a los cánones establecidos, sino gustarnos a nosotras mismas, y para lograrlo no es conveniente utilizar criterios rígidos y estrictos.

Una mujer mantenía la firme convicción de que no era atractiva, aunque en realidad era muy hermosa, así que se diseñó un experimento típico de medición de actitudes para convencerla de que no era una mujer fea y donde 95% de los estudiantes la evaluó como muy bella, sensual, atractiva y deseable. "Es increíble, no puedo creerlo. Estoy realmente sorprendida. ¡Jamás pensé que la gente tuviera tan mal gusto!", afirmó.

Gustarse es abrir los horizontes afectivos, arriesgarse y aumentar nuestras probabilidades de conocer a otros. La verdad es que nadie puede dejar de gustarse si se observa con cuidado y afecto.

"Tal vez suceda que una vez cada siglo, la alabanza eche a perder a un hombre o lo haga insufrible, pero es seguro que una vez cada minuto algo digno y generoso muere por falta de elogio."[1]

La verdadera seguridad es fugaz, pero puede ser destruida con mayor facilidad por fuentes internas y personales que por el agresivo y complejo mundo exterior.

Si te tratas mal y eres irrespetuosa con tu persona, tu diálogo obrará como un freno. Elimina de tus respuestas y juicios la frase "No soy capaz", porque cada vez que te lo repites confirmas tu inseguridad y afianzas tus temores.

Queremos que nos amen, pero damos pistas falsas y no somos capaces de expresar y comunicar sentimientos y deseos porque las niñas "buenas" sólo escuchan y no hablan, porque los resentimientos guían nuestra vida, porque en nuestro libro de contabilidad faltan sufrimientos todavía y porque, al no saber amarnos, no podemos ayudar a otros a que nos amen y mucho menos que nos comprendan. Cuando aprendemos a querernos, también aprendemos que nos merecemos algo mejor que *lo que sea*. Algo mejor que desperdiciar mi tiempo o ir sobreviviendo, algo mejor en materia de amistades y en qué invertir mi tiempo.

No obstante las ventajas del método, los humanos nos resistimos a pagar el costo de la superación. Optamos por el camino más fácil, el alivio que nos produce el compromiso y la postergación que nos paraliza. Otra forma de comportamiento de las personas poco autosuficientes es imponerse metas pobres y resignarse a su suerte de mediocres. La autocompasión es un veneno que mata lentamente. Cuando entramos al terreno de "¡Pobrecita de mí!" y nos lo creemos, quedamos atrapadas en un laberinto, con grandes dificultades para encontrar la salida.

Si algo de mí no me gusta y puedo modificarlo, ¡manos a la obra! Aunque debemos tener en cuenta que todo tiene un costo y

[1] John Powell, *La felicidad es una tarea interior*, México, Diana, 1996, p. 37.

hay que pagarlo; pero si nos rebasa, lo mejor es aceptarnos y querermos como somos ahora. No podemos enojarnos por estar pasadas de peso cuando nuestra dieta está basada en pasteles y galletas, o por tener una pésima condición física cuando los aeróbicos los hago acostada en cama. Desafortunadamente, es común que observemos con más cuidado y dureza nuestros defectos que nuestras virtudes.

Cada vez que veo una fotografía de cómo fue algún día Michael Jackson, lo único que puedo ver es a un ser humano que nunca se quiso, y nunca se aceptó.

Lo mismo sucede cuando observo a una mujer que se empeña en ocultar su edad haciéndola sólo más evidente, como una abuelita asaltando el clóset de su nieta para disfrazarse de adolescente y lograr la admiración de los demás.

Sería bueno que, así como nos empeñamos en cuidar la figura, lo hiciéramos también con nuestra inteligencia y nuestro espíritu. La falta de educación sigue colocando a la mujer en seria desventaja, y los encantos tradicionales no servirán de nada en un mundo donde el conocimiento y el desarrollo de la inteligencia ya son determinantes. Ir a la universidad a cursar la carrera de MMC (Mientras Me Caso) no nos ayudará en absoluto.

El verdadero despertar se dará cuando sepamos querer, cuando tengamos claro qué y para qué lo queremos, pero conseguir este propósito sin educación es una tarea imposible de lograr. En *Alicia en el país de las maravillas* hay una escena donde la protagonista se extravía y, al encontrarse frente a diversos caminos, pregunta a un gato sabio:

—¿Qué camino debo seguir?

—¿Adónde quieres ir, Alicia?

—La verdad, no lo sé —responde ella.

—Entonces, Alicia, no importa qué camino tomes, de todas formas te llevará a ninguna parte.

Probablemente el viaje más importante que podamos emprender es el viaje hacia nuestro interior. Hasta que no sepamos quiénes somos, ¿cómo será posible ofrecer lo que tenemos?

Cuentan que Dios no quería que la verdad fuera fútil y banal. Entonces, conversando con los ángeles, pidió sugerencias sobre dónde debía colocar la verdad para estimular a los hombres en su búsqueda. Uno de ellos dijo: "Coloque la verdad en el fondo del océano, así, los hombres tendrán que sumergirse en lo más profundo para alcanzarla". Otro le dijo: "Colóquela en las estrellas, así, ellos tendrán que subir para alcanzarla". Finalmente, otro le dijo: "Colóquela dentro de ellos, así cada uno estará siempre en contacto consigo mismo al buscarla".

Parece que casi todos seguimos buscando la verdad fuera de nosotros mismos, en los títulos, posesiones o propiedades y en el control de los demás. Nuestra cultura subraya más la consecuencia externa y es una política de mala inversión porque hacemos de lado nuestra propia persona.

Vivir desde adentro hacia afuera demanda un trabajo constante que no tendrá resultados inmediatos, pues realizaremos nuestras tareas en un proceso a lo largo de nuestras vidas. Es por eso que junto con la voluntad e inteligencia requerimos de paciencia y tenacidad. El camino a la felicidad es un punto a cruzar, no una esquina a doblar, no es algo que se obtenga con rapidez ni por servicio a domicilio.

La única alternativa para conocerte a ti misma es arriesgarte y ponerte a prueba. El balance costo-beneficio es justificable desde todo punto de vista.

No se puede vivir por encargo, ni a dictado de nadie, so pena de renunciar a nuestra condición humana. Tenemos el deber moral de autorrealizarnos, de crecer a la máxima estatura posible, de tratar de desarrollar plenamente nuestras virtudes. Fuimos hechas para lo magnífico y no debiéramos conformarnos con menos.

$$\text{Ser}\begin{cases} \text{más libres} \\ \text{más creativas} \\ \text{más trascendentes} \end{cases}$$

Ser yo misma.

Por mi culpa, por mi culpa, por mi grande culpa

El dolor absorbe todas nuestras energías y hasta que lo manejamos con éxito o ya no podemos soportarlo, somos capaces de andar por nuevos caminos, de volver a amarnos a nosotras mismas y a los demás.

Desde frases tan trilladas y reveladoras como "Es que mi marido no me saca los domingos", como si fuéramos mascotas y no personas, hasta toda una serie de expresiones que utilizamos para justificar los múltiples porqués de nuestros fracasos y debilidades, nos encontramos con infinidad de características de la mujer víctima de las circunstancias.

Detrás de cada víctima suele encontrarse un ser humano con miedo de enfrentar su realidad. Para existir, deben tener un victimario, un chivo expiatorio, y cuantos más sean, mejor, porque así tendrán más recursos para esconder sus temores y fracasos. Los victimarios más comunes se encuentran cercanos a nosotras. Son aquéllos a quienes decimos amar y hacer la razón de nuestra existencia pero que, al mismo tiempo, los convertimos en culpables de nuestras pesadas cargas. Sin nuestros victimarios la vida perdería sentido porque los actos frecuentemente "heroicos" de una víctima no encontrarían ningún sustento ni justificación.

Las víctimas interpretan muchas facetas, su vida es una actuación permanente, en contra de sí mismas y de los demás. Una actuación que termina por confundirlas, pues a la larga será muy difícil distinguir a la verdadera persona entre tantas máscaras que se ha fabricado.

Las víctimas desarrollan consciente, o inconscientemente, armas poderosas y altamente dañinas que esgrimen contra aquellos a quienes han tenido que dedicar toda su vida. Recurren a la manipulación, el chantaje, los llantos incontenibles, los reclamos por más atención y tiempo, que pueden ser verbales, directos o manifestarse a través de enfermedades o mensajes manipuladores cuya intensidad y gravedad dependerán del propósito que la víctima se proponga conseguir. Si una alteración en la presión arterial es suficiente para provocar que un hijo no se vaya de la casa, la víctima llegará hasta ahí, pero si debe recurrir a un cáncer probablemente también lo hará. Sin tener conocimientos de medicina, he observado una estrecha relación entre el desamor y las enfermedades múltiples. Recuerdo que en mi niñez tuve una tía, Alicia, cuyo estado permanente se basaba en quejas, dolor, resentimientos, insatisfacción, y en cada visita siempre había una nueva y peor enfermedad que la anterior. Demandaba una mayor atención y transmitía una gran amargura. Al final, cuando su cuerpo ya cansado decidió armonizarse con su espíritu, que tiempo atrás había muerto, fue un gran alivio para toda la familia, pero las herencias que dejó resultaron nefastas.

Hay un juego psicológico conocido como el triángulo dramático, caracterizado por la expresión "Sí, pero…" Es una especie de transacción entre dos o más personas y en ese juego irremediablemente juegas alguno de los tres papeles: rescatadora, perseguidora o víctima. Estos personajes actúan bajo el influjo de algún sentimiento: la culpabilidad, en el caso de la rescatadora, la agresividad, si hablamos de la perseguidora y el resentimiento en la víctima.

Si tú entras en el triángulo, irremediablemente cargarás con las consecuencias: te quemarás.

En este triángulo, el perseguidor necesita de la víctima para existir, pues en ella deposita su poder. El rescatador siente satisfacción al hallarse cerca de un perseguidor, ya que sólo así podrá rescatar a la víctima y jugar el papel del "bueno del cuento".

Los seres humanos desempeñamos constantemente estos tres papeles, aunque suele predominar uno de ellos, y hay que cobrar conciencia de esto para no quedar atrapados en el juego.

Las perseguidoras son aquellas personas que quieren corregir el mundo. ¡Son las que dictan lo que es correcto y erróneo!, los jueces implacables que desnudan con su mirada y descuartizan con sus

Rescatadora

Víctima

Perseguidora

palabras. Buscan el poder y el control de situaciones y personas. Desde su muy particular punto de vista, deciden el bien y el mal, la verdad y la mentira. Su deseo principal es que pienses, sientas y actúes como ellas creen que es bueno, y quien no lo haga será automáticamente descalificado o castigado.

Las rescatadoras son las personas que quieren cuidar a todo el mundo. Las que siempre quieren ayudar a los demás en algo, de alguna manera, y ¡terminan desvalorizando la capacidad de los otros! Por ejemplo, cuando una persona decide casarse con un alcohólico y, ante las múltiples advertencias, afirma "Yo sí lo voy a cambiar" y, por lo general, lo consigue, pues al año el prospecto de cambio estará bebiendo más. Es común que no den a las víctimas la oportunidad de progresar pues, si eso ocurriera, no sabrían qué hacer. Son personas que se preguntan sin cesar "¿Cómo puedo ser útil en esta situación?" o "¿Qué podré hacer por esta persona?"

La rescatadora es una autoridad en la adjudicación de problemas ajenos: no ve los propios o los abandona para resolver los de los demás, ya que le resulta menos doloroso y comprometedor. Por eso, cuando alguien se siente recargado de conflictos, buscará una mujer rescatadora para aligerar su carga.

Las víctimas son las personas que hacen de su vida una serie de incapacidades. Su vida es el resultado de las acciones de los demás y no logran asumir la responsabilidad de sus propios actos. Su vida la acompaña una enorme sábana para llorar y llorar, pues sin su dolor no vale la pena vivir. Por lo general, se sienten impotentes: "¿Cómo puede una gorda como yo lograr que alguien la ame?", "Con los padres que tengo, ¿cómo puedo triunfar?"

Cuando los abogados cometen errores, encierran a sus clientes, pero cuando un médico se equivoca, entierra a sus pacientes. Algo así sucede cuando nos equivocamos en nuestro proceso de vida: *nos enterramos*.

Las víctimas suelen ser chantajistas y cargan consigo un libro donde contabilizan las deudas que los demás tienen con ellas. Su principal característica es que suelen decir "Sí" a casi todo, aunque de inmediato canalicen su pesar en alguien más por el compromiso que voluntariamente adquirieron, por todos esos favores que van a realizar y cuyo resultado será un mayor cansancio, una pérdida de tiempo e incluso de dinero.

Cuando se le cuestiona a una víctima en torno a las razones que la hicieron aceptar algo, aun en contra de su voluntad, es común que, sin pensarlo siquiera, contesta: "Es que no podía negarme, imagínate lo que pensaría de mí si no le hago este favor. Al fin de cuentas mi vida está consagrada a los demás y yo siempre estaré en el último lugar". O bien, aquellas frases con olor a una equivocada santidad: "Con tal de que mis hijos y mi marido estén contentos, yo no importo nada, con que ellos sean felices, basta". Bajo este contexto cuesta trabajo pensar en una víctima que no acuda a una o más personas para hacer notar sus profundos sacrificios y saldos a favor con los demás.

Quienes padecen el martirio de convivir con una víctima terminan, si son débiles de carácter, por vivir con eternos sentimientos de culpa por los males que le causaron, o bien, la abandonan para siempre y regresan hasta el día de su muerte, no para acompañarla, sino para comprobar que ya se ha ido. También es frecuente que los hijos de estas víctimas terminen llenos de miedos, jugando el papel que tanto odiaron, graduándose como expertos manipuladores y resentidos con la vida.

Pero también hay quienes conscientemente representan este papel para situarse en una posición de comodidad temporal y conseguir beneficios a través del chantaje y la manipulación. No son desdeñables los casos de mujeres que tienen conciencia de la infidelidad de su pareja y deciden soportar estoicamente a cambio de cobrarse con regalos, viajes o caprichos. "Total, la vida es así y me conviene hacerme de la vista gorda; pero eso sí, se lo voy a cobrar bien caro", señalan. Los casos de las madres que no permiten a sus hijos cortarse el cordón umbilical y que, a la menor señal de su independencia y crecimiento, se enferman gravemente o sacan a relucir el libro de contabilidad son todavía más numerosos. Lo mismo sucede en las relaciones de pareja o amistad, pues ser víctimas es un patrón cultural que desafortunadamente se ha enraizado en nuestros procesos educativos.

Hay otros casos en donde se le pone "precio" al sufrimiento y entonces (para quienes es posible hacerlo) se cobran gastando, a diestra y siniestra, para así llenar el vacío y apaciguar el dolor. Cada tarjetazo puede convertirse en un desquite, bastante cómodo si tienen suficiente capacidad económica; o peor aún, en un nuevo problema para la víctima, quien ahora deberá enfrentar deudas adicionales o reclamos de los otros por haber gastado excesivamente, lo que sin duda fortalecerá el círculo perverso en el que se encuentra atrapada.

A la luz de la historia y las realidades actuales, muchos de los argumentos que se siguen multiplicando con éxito inaudito son aquéllos que culpan irremediablemente a otros de todas nuestras tragedias. Hay latinoamericanos que, sin reconciliarse con su pasado, siguen acusando a la colonia española y la religión católica de los retrasos que 500 años más tarde siguen enfrentando. Otros más los atribuyen al imperio yanqui. También abundan aquéllos que acusan y se avergüenzan de los indígenas, quienes, según ellos, marcaron para siempre la desgracia de nuestros pueblos.

Actualmente, los culpables suelen ser los gobernantes, los medios de comunicación y las presiones de carácter social. Al final, para la víctima no existe la posibilidad de mirar hacia dentro ni de influenciar su entorno, porque su único horizonte y débil punto de apoyo radica en los otros, en los demás, no en sí misma.

Es muy probable que detrás de cada víctima exista un profundo miedo al desamor, al rechazo, a la crítica y al crecimiento personal; temor a la construcción de la felicidad, al ejercicio de la libertad y, evidentemente, a la responsabilidad. Miedo a vivir con plenitud e intensidad.

Muchas mujeres, más de las que imaginamos, han hecho de su vida un constante ejercicio para culparse de todo lo que acontece a su alrededor.

Hay personas dedicadas exclusivamente a preocuparse. Cada ángulo de cualquier asunto las provee de mil posibilidades de preocupación. Por ejemplo, se inquietan tanto si se sienten mal como si se sienten bien, no vaya a ser que el bienestar dure muy poco. Sin eso no pueden vivir. El contenido de su inquietud es menos importante que el hecho de preocuparse.

Las personas adictas a la tristeza y al sufrimiento rechazan todo aquello que les pueda traer alegría: tal parece que rehúyen a la felicidad. Cuando no hallan ningún pretexto que las entristezca, lo inventan, y jamás darán el aspecto de que les va bien o que tienen por qué alegrarse.

Casos extremos, que ya conciernen a especialistas, nos describen a mujeres que son maltratadas física o psicológicamente, víctimas de la brutalidad, violencia física y verbal o descalificaciones permanentes y, al final de todo, concluyen una y otra vez que todas esas desgracias no hubieran sucedido si ellas fueran más bonitas o preparadas, si tuvieran la casa lista y la comida a tiempo, si hubieran estado más tiempo con sus hijos, si no fueran gordas o flacas, o si supieran inglés y hablaran con propiedad. Ellas creen que se merecían todo aquello porque son malas y en la maldad no hay lugar para el amor.

Si el marido las engaña hacen como si no pasara nada para no enojarlo y así poder conservar sus miserias de afecto, si es que aún las hay, y no perder aquello que en realidad nunca tuvieron. Estas mujeres encontrarán mil razones para sentirse culpables: la edad, el físico, las arrugas, su baja preparación académica, que nunca cocinaron como su suegra o su mamá, que probablemente no eran tan buenas en la cama, etcétera. El pobre hombre y las personas que las rodean son, desde esta perspectiva, un club de santos irredentos y ellas lo menos que se merecían era el engaño. Por tanto, su castigo es aguantarlo y callarlo silenciosamente.

En una relación de pareja, consejos ancestrales reafirman este afán de culpabilidad: "Tenle paciencia, al final siempre regresan", "No le des gusto a la otra", "Si le dices algo es peor porque entonces se lo vas a reafirmar", "Aguántate", "Todo sea por tus hijos y, eso sí, que ni te vean llorar porque van a sufrir mucho los pobrecitos", "Cuando tu marido llegue, nada de quejas", "Algo hiciste para ganarte ese golpe".

Si los hijos fallaron en la escuela, cayeron en algún problema de dependencia o simplemente no llegan a la hora de siempre a casa, en lugar de pensar realista y asertivamente, los flagelos empiezan a cobrar vida: "Es que era el más chiquito y le presté poca atención", "Se traumó porque no me acordé de hacerle fiesta el día de su santo hace 48 años", "Cuando me dijo que iba a estudiar para cirquero yo no se lo permití y le pedí que primero acabara la primaria", "Si hubiera hecho esto o aquello, todo sería mejor". El *hubiera*, ya lo decía uno de mis maestros, es el tiempo verbal de los tontos y mediocres.

La afición por sentirse culpable es tal que hay mujeres que, para conciliar el sueño, deben estar suficientemente preocupadas y, si no lo consiguen, acuden al televisor para aterrarse con los noticieros o le piden a quien las acompaña que les cuente algo terrible para dormir "tranquilas". O algunas mujeres que le dicen a otras o a quien se cruce en su camino: "¿Tienes algún problema? Pues libérate de él, porque yo me lo llevo, yo lo cargo". Y ahí va la sufrida mujer cargando un costal de piedras en la espalda y cumpliendo con su misión de arrastrar la vida en lugar de vivirla.

En algunas reuniones de mujeres se concursa por la mayor aflicción. Si a una le duele la cabeza, otra la supera con una molestia inaguantable de cadera, pero la tercera ganará la delantera cuando haga públicos sus tremendos malestares artríticos y, la cuarta, que de ninguna manera está dispuesta a perder su trofeo del dolor, les manifestará sus sospechas de que tiene cáncer porque, cada vez que oye hablar de una enfermedad, instantáneamente los síntomas se le manifiestan. Estas mujeres ven como sospechosas, e incluso, acusan de insensibles y frívolas, a aquéllas otras que son optimistas y viven la vida con un espíritu de alegría. Se convierten en descalificadoras profesionales y son severas con las mujeres que responden por su vida. A sus pesadas cargas suman más resentimientos: aguantan largas jornadas tomando café con su grupo de pobrecitas amigas empeñadas en destrozar a los demás. Por eso, cuando una de éstas debe retirarse, propondrá a las demás: "¿Y por qué mejor no nos vamos todas juntas?"; pues de antemano sabe que al retirarse se convertirá en el tema de destrucción, no de conversación. Lo suyo no es sobrevivencia sino "pobrevivencia".

Las víctimas suelen ser trágicas en sus juicios y apreciaciones y el resfrío de un hijo o conocido las hace suponer que se trata de una tuberculosis fulminante. Se vuelven expertas en el llanto y sus caras de dolor ganarían un concurso de actuación. Las sonrisas terminan por borrarse en sus rostros pues han elegido la tristeza. Viajar ligeras de equipaje no está en su perspectiva de vida, porque el manual de instrucciones que recibieron para vivir fue el equivocado y no están dispuestas a cambiarlo. Adormecidas, siguen repitiéndose y enseñando las mismas reglas. Ya habrá tiempo para vivir. Resulta increíble cómo hay mujeres dispuestas a asumir la culpabilidad del mundo.

Como lo expresa el siguiente poema maravilloso y profundo, atribuido a Nadine Stair.

Instantes

Si pudiera vivir nuevamente mi vida,
en la próxima trataría de cometer más errores.
No intentaría ser tan perfecto, me relajaría más.
Sería más tonto de lo que he sido,
de hecho tomaría muy pocas cosas con seriedad.
Sería menos higiénico.
Correría más riesgos,
haría más viajes,
contemplaría más atardeceres,
subiría más montañas y nadaría más ríos.
Iría a más lugares adonde nunca he ido,
comería más helados y menos habas.
tendría más problemas reales y menos imaginarios.

Yo fui una de esas personas que vivió sensata
y prolíficamente cada minuto de su vida;
claro que tuve momentos de alegría.
Pero si pudiera volver atrás, trataría
de tener solamente buenos momentos.

Por si no lo saben, de eso está hecha la vida,
sólo de momentos; no te pierdas el ahora.

Yo era uno de esos que nunca
iban a ninguna parte sin un termómetro,
una bolsa de agua caliente,
un paraguas y un paracaídas;
si pudiera volver a vivir, viajaría más liviano.

Si pudiera volver a vivir
comenzaría a andar descalzo a principios
de la primavera
y seguiría así hasta concluir el otoño.
Daría más vueltas en calesita,
contemplaría más amaneceres,
y jugaría más con los niños,
si tuviera otra vez la vida por delante.

Pero ya ven, tengo 85 años…
y sé que me estoy muriendo.

Es común también que, cuando los hijos fallan, las recriminaciones sean mayores para la mujer, pues lo que se plantea como su tarea más importante ha fracasado: "Tus hijos son así porque los consentías, o nunca los corregiste". En contraste, cuando los resultados son positivos, escuchamos sentencias como: "Ése es mi hijo", "Igualito a su padre", "De tal palo tal astilla", "Hijo de tigre, pintito", entre muchas otras.

Con todo esto no quiero decir que no exista responsabilidad de nosotras hacia quienes amamos y nos rodean. Paty Vidal dice en su ponencia "Alas y raíces":

Hemos sido seres extraños que no hacemos historia sino hijos. Los criamos y educamos, les procuramos valores y enseñamos un código ético y valores estéticos. Les mostramos nuestro modo de ver y entender el mundo a través de tradiciones y raíces propias, les decimos quiénes son y les damos amor, mucho amor, para que salgan al mundo a poner en práctica lo que les enseñamos. Doble esfuerzo el nuestro: el de luchar por ser y el de enseñar a ser a otro.

A fin de cuentas, cada uno es responsable de la actitud que asume ante la vida, porque nadie puede vivir la vida por otro. Con estos ejemplos sólo trato de traer a esta reflexión comportamientos comunes que demuestran lo poco que nos conocemos y el disminuido aprecio que tenemos por la vida. Elegimos el sufrimiento, la desesperación y la infelicidad. Comportarnos así sólo garantizará que todos nos rechacen y nadie nos respete, justo lo contrario a lo que muchas veces se pretende lograr mediante la minimización y el desprecio a uno mismo.

Las secretarias no son culpables de las malas caras y los pésimos modos de un jefe que no saluda porque jamás conoció, ni en el diccionario, la palabra educación. Tampoco lo son de la enfermedad de sus allegados, ni de la infelicidad de alguno de sus hermanos o amigos. Claro que siempre existe la posibilidad de ayudar y hasta el deber de hacerlo, pero una mujer culpable de todo pierde su capacidad de ser solidaria y subsidiaria: su recreación más importante es el sufrimiento y la autocompasión la hará terriblemente egoísta.

Por eso en México, cuando en algunas regiones las mujeres afirman que *cuando ya no les pegan significa que ya no las quieren*, están en lo cierto, porque quien habla así es una víctima, una mujer que no tiene conciencia de su valor y dignidad.

Hay mujeres que viven siempre en una sala de espera y así esperan a crecer para hacer su primera comunión; después a tener sus 15 años y, en algunas culturas y religiones, a que inicie su periodo menstrual para poder casarse. Otras esperan a casarse y tener hijos, a ser abuelitas y, finalmente, a la muerte, con quien siempre convivieron muy de cerca. Estas mujeres habrían de esperar otra vida para empezar a vivirla.

Me moría por terminar el bachillerato y empezar la universidad.

Luego, moría por terminar la universidad y empezar a trabajar.

Después, me moría por casarme y tener hijos.

Más adelante, me moría por que mis hijos crecieran lo suficiente como para ir a la escuela, a fin de que yo pudiera volver a mi trabajo.

Luego me moría por retirarme.

Y ahora que estoy muriéndome, me doy cuenta, de pronto, ¡que me olvidé de vivir! [Autor anónimo]

No es de extrañar que a veces nos sintamos llenas de angustia, pues hay demasiado por hacer. Nos piden muchas cosas, se nos exige ser muchas personas, algunas de las cuales somos y otras no. Debemos detenernos ante la angustia: hay que sentirla, atravesarla y seguir adelante.

Lo anterior no debe confundirse con evadir la realidad sino al contrario, el conflicto es inevitable en nuestras vidas, más cuando debemos elegir una opción pero, por lo general, tenemos muchos caminos y no sólo la alternativa a la que nos empeñamos cueste lo que cueste.

Desafortunadamente, hay mucha gente a nuestro alrededor que se siente feliz apoyando nuestras decisiones de culpabilidad. Nunca hemos dejado de ver lo egocéntrico que es asumir la responsabilidad de cada cosa que sucede.

Aprender a liberarse de la culpa mejora nuestra calidad de vida. Sin el persistente remordimiento golpeando como un martillo dentro de nuestra cabeza y devorándonos, podemos pensar con más claridad y concentrarnos mejor. Nuestro juicio se aclara, tenemos mayor capacidad de sentirnos orgullosas de nuestros logros, celebrar nuestros éxitos y agradecer por lo que es bueno y correcto en el mundo.

Hasta que vivamos plenamente, nos permitiremos saborear toda la gama de nuestras experiencias. Aceptaremos cualquier oportunidad de vivir conforme a nuestras propias almas.

Para apreciar la apertura debimos haber experimentado el valor de vivir lo nuevo, de buscar otros caminos, de plantearnos posibilidades frescas.

Así como la dependencia y el miedo se hermanan, el valor y la apertura van de la mano. Es inevitable que se requiera valor para vivir. Ésta es una tarea no apta para los timoratos y conformistas.

La tolerancia hacia nosotras mismas y hacia los demás es una condición para la paz, el aprendizaje, la apertura y la felicidad. Solemos ser intransingentes porque así fuimos educadas y construimos muros insalvables que nos separan de la riqueza humana y la capacidad para disfrutar la vida. Si alguien piensa distinto a nosotras, lo catalogamos como un ser humano que vive en el error, que no es digno de ser escuchado y aún menos de merecer nuestra amistad. Somos expertas en etiquetar a los demás y, si se trata de otras mujeres, todavía mejor. A la que logra éxitos laborales se le ve como sospechosa, a la que viste distinto se le critica por inmadura. Si profesa otra religión la descartamos de nuestra lista y, lo que es peor, enseñamos a nuestros hijos que si alguien no es de nuestra clase —aunque nunca aclaramos lo que eso significa— está prohibido relacionarse con él. Factores que se creen superados, en la vida cotidiana siguen siendo determinantes para muchos seres humanos: el color de la piel, el estatus, la capacidad económica, la profesión, la edad y la religión, entre otros.

Debemos aceptar y celebrar nuestras diferencias: el mundo atesora originales, y cada uno de nosotros es un original de Dios. Recientemente escuché decir a alguien: "Estamos hechos en serio, no en serie".

Me acuerdo de un brillante joven rabino, que sucedió a su brillante padre, también rabino. Las personas le dijeron entonces: "Rabino, usted es totalmente distinto de su padre". El joven rió:

"¡Soy exactamente igual a mi padre! Mi padre no imitaba a nadie y yo no imito a nadie. Él no era una copia de papel carbón, tampoco yo." Esto es lo que significa estar vivo, ser único.[1]

[1] Anthony de Mello, *Reflexiones de Anthony de Mello: autoconocimiento*, Argentina, Lumen, 1994.

Aceptar toda la responsabilidad de nuestros actos, incluyendo nuestras respuestas emocionales y de comportamiento ante todas las situaciones de nuestra vida es el paso definitivo a la madurez humana.

Aprendimos a explicar nuestros fracasos basándonos en que no teníamos los recursos para funcionar, e incluso alegamos que nuestras estrellas no estaban alineadas. Lo contrario a inculpar o a culparnos es aceptar la responsabilidad total de nuestra vida, de nuestras elecciones y que sus consecuencias sean inmediatas o de largo plazo. La afición por las lecturas de café, del tarot y los horóscopos deja de ser divertida cuando rige el comportamiento de las personas.

Lo anterior explica las jugosas ganancias de clarividentes, pitonisas, astrólogos y sectas que ofrecen adivinar el futuro y hacen rentable la incapacidad de sus clientes para elegirlo y hacer que suceda, porque tal vez nadie les dijo que entre más intervengan en su vida, serán menos dependientes de las circunstancias.

Ser perdedoras para ganar el amor suena contradictorio, pero son múltiples los ejemplos donde la mujer acepta jugar el papel de tonta y finge ser incapaz de tener contenta a su pareja o a sus allegados con tal de lograr su aprobación. Hace tiempo escuché decir a una amiga de mis papás que cada que jugaba golf con su marido perdía a propósito, pues él no soportaba que ella le ganara. Si la aceptación de los demás se finca en lastimar nuestra persona y hacer de lado los talentos que Dios nos ha regalado para hacerlos florecer, habría que cuestionarse el costo de estas acciones y el alto precio que estamos pagando por evitar el rechazo.

Actuar permanentemente en contra de nosotras mismas hará que terminemos por odiarnos o por no saber al final del camino qué somos de entre todo eso que representamos. Así como se adquiere el hábito de ganar, también se aprende a vivir con el hábito de perder. Por contradictorio que parezca, nos entrenamos para el éxito casi con la misma energía que para lograr vivir en el fracaso.

Las culpas y los resentimientos estorban y terminan por matar lo mejor de nosotras mismas. Terminaremos solas porque a nadie le gusta compartir su vida con mártires incorregibles. El liberarse de la culpa no significa renunciar a las responsabilidades, sino asumir la responsabilidad de aquello que se encuentra más allá de nuestro control.

Con mucha razón rezaba un niño antes de dormir: "Dios mío, haz a los malos buenos y a los buenos, divertidos".

El listón rojo

A la mujer le dijo: multiplicaré tus trabajos y miserias
en tus preñeces; con dolor parirás los hijos y estarás bajo
potestad de tu marido y él te dominará.

Génesis 3,16

Desde el Génesis también se resalta de forma clara la inferioridad de la mujer: un simple apéndice masculino, nacida de una parte innecesaria del cuerpo del hombre —una costilla— y por innecesaria, inferior. Además, se debió emplear la más innecesaria de las costillas, la duodécima, precisamente denominada *falsa costilla*.

Débil en lo físico, también en lo intelectual, tendrá la culpa de todas las desgracias, de la infertilidad, la seducción y los misterios. Estará condenada a parir con dolor, ser sumisa, guardar silencio, sufrir en este valle de lágrimas y ver al hombre como su amo y señor.

Después de 15 años de haber publicado este libro por primera vez, la sexualidad de miles y miles de mujeres se ha transformado y liberado.

En el capítulo "Tú eliges", incluido en esta nueva edición y dedicado a las mujeres de las nuevas generaciones, lo abordaré de manera más amplia. Sin embargo, aún subsisten patrones de comportamiento rígidos, obsoletos y machistas.

La sexualidad del hombre se ha alentado y exaltado. Para éste hablar de sus conquistas es como exhibir una colección de trofeos, no así en el caso de la mujer.

A la mujer se le enseña a no manifestar su sexualidad y a los hombres se les prohíbe manifestar su sensibilidad.

En el primero de los casos, el sexo sigue siendo un tema prohibido para grandes sectores de la población aunque, por otro lado, se le permite a los niños asistir casi a cualquier clase de película o ver programas televisivos donde el tema de la sexualidad es central y se aborda en muchos casos de manera burda y equivocada. La mujer reprime sus expresiones de sexualidad pues se consideran malas, no aptas para una mujer decente y bien educada. Al igual que en muchas otras esferas de la vida, en lo sexual se aprende a ser pasiva y paciente. Al concluir una de mis conferencias, una encantadora señora de edad madura se acercó para compartirme una estrategia que tuvo que emplear después de años de matrimonio en el que su esposo llevaba la batuta y sólo él decidía cuándo quería estar con ella, dando por hecho que ella siempre debía estar disponible y esperando. Un buen día, sintiéndose insatisfecha y sin saber cómo expresarle sus deseos de intimidad, lo único que se le ocurrió fue informarle al sorprendido marido que cada vez que viera amarrado un listón rojo en el dedo de su mano, significaba que esa noche le tocaba y él también debía estar disponible para ella.

El condicionamiento para reprimir nuestra sexualidad se escucha con fuerza y claridad particularmente durante la adolescencia. Aquí el mensaje era que la sexualidad era algo para avergonzarse, algo que temer o ignorar y sobre todo eludir, para no meterse en problemas. Las niñas buenas simplemente no hacían esas cosas. Pero, al mismo tiempo, eran adiestradas para emplear su sexualidad para atraer a los hombres, siendo seductoras y coquetas. Nuevamente, el confuso doble papel: nos enseñaron a relacionarnos con nuestro cuerpo dentro de expectativas rígidas y programadas, separadas de nuestro propio placer. Muchas de nosotras no podíamos distinguir qué era ser buenas o malas y cuándo éramos una u otra cosa.

Por su parte, a los niños se les prohíbe llorar, quejarse o manifestar tanto la alegría como el dolor con frases como "Los machos no lloran", "Ni que fueras vieja" o "No seas maricón", van aprendiendo que sentir y expresarse es malo y censurable.

Vamos creciendo cojos y una parte de nosotros se queda enana, infantil y atrofiada. Pudiendo ser robles, nos conformamos con ser bonsáis y nos estiramos en lugar de crecer.

Quiero compartir con ustedes algunas líneas del discurso que la joven actriz Emma Watson, famosa por ser protagonista en la serie de películas Harry Potter, presentó el 20 de septiembre de 2014 en Nueva York, como Embajadora de Buena Voluntad de ONU Mujeres. La campaña se llama HeFor-She ("Él por Ella" en español) y está a favor de la equidad entre hombres y mujeres. Su mensaje causó un fuerte impacto:

[...] ¿Cómo podemos cambiar el mundo si sólo la mitad de éste se siente invitado o bienvenido a participar en la conversación? Hombres, aprovecho esta oportunidad para extenderles una invitación formal: la igualdad de género también es su problema... Los hombres tampoco gozan de los beneficios de la igualdad.

[...] No es frecuente que hablemos de que los hombres están atrapados por los estereotipos de género, pero veo que lo están. Y cuando se liberen, la consecuencia natural será un cambio en la situación de las mujeres. [...] Tanto los hombres como las mujeres deberían sentir que pueden ser sensibles. Tanto los hombres como las mujeres deberían sentirse libres de ser fuertes.

[...] Quiero que los hombres acepten esta responsabilidad, para que sus hijas, sus hermanas y sus madres puedan vivir libres de prejuicios, pero asimismo para que sus hijos tengan permiso de ser vulnerables y humanos ellos también, que recuperen esas partes de sí mismos que abandonaron y alcancen una versión más auténtica y completa de su persona.

[...] Porque la realidad es que si no hacemos nada, tomará 75 años —o hasta que yo tenga casi 100— para que las mujeres puedan esperar recibir el mismo salario que los hombres por el mismo trabajo. Quince millones y medio de niñas serán obligadas a casarse en los próximos 16 años. Y con los índices actuales, no será sino hasta el año 2086 cuando todas las niñas del África rural podrán recibir una educación secundaria.

Si crees en la igualdad, podrías ser uno de esos feministas involuntarios de los que hablé hace un momento. Y por eso te aplaudo.[1]

---

[1] Emma Watson, "La igualdad de género también es problema de ustedes", en *ONU Mujeres*, 20 de septiembre de 2014, disponible en:

Es común que la mujer utilice su sexualidad como arma de ataque o autocastigo. Por ejemplo, al enojarse con su pareja, la mujer inhibe su deseo sexual como un castigo hacia su compañero, sin darse cuenta del daño físico y psicológico que se provoca. El hombre suele tomar su sexualidad como una manera de decir al mundo "yo soy grande y fuerte", evadiendo la parte emocional y espiritual. En este juego femenino y masculino, se rompe la comunicación y toda posibilidad de sentir y amar.

En un periódico de Bolivia, me encontré con la siguiente carta que un preocupado marido escribió a su pareja:

Amada esposa:

Como no es posible dialogar contigo debido a que tus principios y femineidad no te lo permiten, he mantenido la siguiente estadística a través de un año, y quiero someterla a tu consideración.

Durante el mismo, he llevado la iniciativa para hacer el amor contigo 365 veces, solamente tuve éxito en 24 ocasiones, lo que hace un promedio de una vez cada 15 días.

Te expongo a continuación los motivos de mis continuos fracasos:

Estabas cansada, 52.

Habías ido a la peluquería, 12.

No era el día apropiado, 19.

Hacía mucho calor, 22.

Hacía mucho frío, 23.

Era muy tarde, 15.

Te hiciste la dormida, 69.

La ventana estaba abierta y podían vernos, 9.

Tenías dolor de cabeza, 26.

Sentías dolor de espalda, 8.

<http://www.unwomen.org/es/news/stories/2014/9/emma-watson-gender-equality-is-your-issue-too>.

No estabas de humor, 21.

Hubo visitas hasta muy tarde, 11.

Te dolían las muelas, 6.

Se podían despertar los niños, 17.

Viste la televisión hasta muy tarde, 7.

El pequeño estaba llorando, 14.

Lo que hace un total de 341.

De las 24 en que tuve éxito, 23 no fueron satisfactorias porque:

5 veces me dijiste que me apresurara.

11 veces tuve que despertarte durante el acto.

1 vez te distrajo una mosca.

3 veces me dijiste que necesitabas dinero.

3 veces me quitaste la inspiración al comentar que el techo necesitaba pintura.

Y, finalmente, una vez tuve miedo de haberte lastimado pues me pareció que te movías.

Cariño, tu marido te echa mucho de menos.

Un saludo

Prisioneras del pasado

El dolor no es inaguantable, lo inaguantable
es tener el cuerpo aquí y la mente en el pasado y el futuro.

ANTHONY DE MELLO

El pasado no puede cambiarse, por muy bueno o doloroso que haya sido. Lo que sí podemos hacer es cambiar nuestra actitud respecto a él y tomar de éste aquello que nos haga más fuertes. Vivir atrapados en el pasado es elegir morir en el presente y negarnos la posibilidad de un mejor futuro. Cuando creemos que ayer todo era mejor, o bien, cuando no superamos lo vivido, arrastramos cadenas que terminarán hundiéndonos. Cada cosa que hacemos deja huella en nosotros; por eso puede decirse que el hombre es rehén de su historia. El pasado debe enlatarse y debemos fugarnos hacia el futuro.

Los rencores, la venganza, el dolor, los remordimientos y una interminable lista de culpas lograrán hacernos esclavas de lo irremediable. Cuántas veces hemos escuchado a personas mayores atribuir tal o cual comportamiento negativo a su pasado: porque su papá nunca las quiso o no valoraron su trabajo porque no eran las bonitas de la familia.

Si el pasado lastima, será mejor cerrar la página y seguir adelante. Por el contrario, si los sucesos vividos nos dan alegría y fortaleza, debemos construir sobre ellos el presente y tomar la elección del futuro que queremos. Así como un profesor de vuelo que cuestionaba a uno de sus mejores alumnos: "Va usted en un avión, se declara una tormenta y le inutiliza el motor. ¿Qué debe hacer?" Y el estudiante contesta: "Seguiré con el otro motor". "Bueno —dijo el profesor—, pero llega otra tormenta y le deja sin ese motor. ¿Cómo se las arregla entonces?" "Pues seguiré con el otro motor." "También se lo destruye una tormenta. ¿Y entonces?" "Pues continúo con otro motor." "Vamos a ver —se mosquea el profesor—, ¿se puede saber de dónde saca usted tantos motores?" Y el alumno, imperturbable: "Del mismo sitio del que saca usted tantas tormentas."[1]

Renunciar a ciertas ideas viejas es indispensable para crecer. Debo aprender a desprenderme de la imagen fija de quien creo que soy. Si quiero crecer, debo desengancharme de mi pasado.

Las culpas y los remordimientos no ayudan, tampoco lo hacen los rencores y odios. Si hay que enfrentar el dolor para superarlo, siempre es preferible a masticar el resentimiento de por vida. Es increíble cómo podemos conservar por años una cuenta por cobrar y la archivamos para cobrársela a otro, sin percatarnos de que actuar así nos convierte en grandes y seguros perdedores.

Sufrir es parte de un proceso de crecimiento de vida, pero no es el sentido de ésta. Los duelos debieran tener un periodo, habría que vivirlos y darnos el permiso de volver a empezar.

Eleanor Roosevelt afirmaba que "Nadie puede hacerte daño sin tu consentimiento", y Viktor Frankl enseñó al mundo, con su testimonio de vida como prisionero judío en los campos de concentración alemanes, que hasta el último momento de nuestra vida tenemos la libertad de escoger con qué actitud elegimos morir y decidimos vivir. He aquí el testimonio de un prisionero de uno de esos campos, que era en realidad un hombre libre, más libre que muchos de nosotros:

Érase una vez un campo de concentración en el que vivía un prisionero que, a pesar de estar sentenciado a muerte, se sentía libre y cantaba sin temor. Un día apareció en medio de la explanada tocando su guitarra, y una multitud se arremolinó en torno a él para escuchar, porque, bajo el hechizo de la música, los que lo oían se veían como él, libres de miedo. Cuando las autoridades de la prisión lo vieron, le prohibieron al hombre volver a tocar. Pero al día siguiente, allí estaba él de nuevo, cantando y tocando la guitarra, rodeado de una multitud. Los guardianes se lo llevaron de ahí sin contemplaciones y le cortaron los dedos. Y una

[1] Fernando Savater, *Ética para Amador*, México, Planeta, 1990, pp. 39-40.

vez más, al día siguiente, se puso a cantar y hacer la música que podía con sus muñones sangrantes. Y esta vez, la gente aplaudía entusiasmada. Los guardianes volvieron a llevárselo a rastras y destrozaron su guitarra. Al día siguiente, de nuevo estaba cantando con toda el alma. ¡Qué forma tan pura e inspirada de cantar! La gente se puso a corearle y, mientras duró el cántico, sus corazones se hicieron tan puros como el suyo y sus espíritus igualmente invencibles. Esta vez los guardianes estaban tan enojados, que le arrancaron la lengua. Sobre el campo de concentración cayó un espeso silencio, algo indefinible. Pero, para asombro de todos, al día siguiente estaba ahí de nuevo, balanceándose y bailando a los sones de una silenciosa música que sólo él podía oír. Al poco tiempo, todo el mundo estaba alzando sus manos y danzando en torno a su sangrante y destrozada figura, mientras los guardianes estaban inmovilizados y no salían de su estupor.[2]

Es alentador saber que por más que actuemos en contra de nosotras mismas o por difícil y molesto que resulte el pasado, nuestra esencia permanece y, por oscura que sea la noche, siempre habrá una llama que alumbrará el despertar, si nosotras así lo decidimos.

¿Qué es lo que llevamos por dentro realmente?

Tu esencia es lo que realmente eres tú
lo que no se te puede quitar,
lo que no puedes jamás perder,
modificar, destruir ni desechar.
El tú irreductible.
Puedes cambiar y transformar
todo tu universo.
No puedes cambiar tu esencia.[3]

[2] Viktor Frankl, *El hombre en busca de sentido*, Barcelona, Herder, 1995.
[3] Paul Williams, "¿Qué es lo que llevamos por dentro realmente?", en *Recuerda tu esencia*, México, Diana, 1993, p. 55.

Romper las cadenas del pasado nos devolverá las energías que requerimos para vivir el presente. Es aprendiendo de lo vivido como se va tejiendo la experiencia y la sabiduría. Lo trágico sería convertirnos en almacén de los borrones y faltas de ortografía que otros y nosotras mismas, escribimos alguna vez en las páginas de nuestras vidas. Hay que hacer borrón y cuenta nueva.

Lo único que tenemos es el aquí, el ahora, el hoy. Tan grave es vivir en el pasado como no darse permiso de ser felices por esperar un futuro que no sabemos si llegará. "Cuando tenga dinero (o tal o cual cosa), sí voy a divertirme." "Ahora que ingrese a la preparatoria, estudiaré en serio." "En cuanto llegue el lunes, empezaré a hacer ejercicio." "Cuando mis hijos crezcan, me daré un tiempo para mí." "Nada más que enviude, viajaré por el mundo." "En cuanto me den el ascenso, me dedicaré en serio a trabajar."

Si no lo hago yo, ¿quién?
Si no es ahora, ¿cuándo?
Si no es aquí, ¿en dónde?

¿Adicta, yo?

La adicción es lo contrario a la libertad. Es cualquier cosa que mantenga el control de nuestras vidas y es progresiva y mortal.

Cuando somos adictas perdemos nuestra mente y nuestro corazón, nuestra voluntad y el control de nuestra vida.

Anne Wilson Schaef dice: "Una adicción es cualquier proceso ante el cual somos impotentes. Nos controla, nos obliga a decir, hacer y pensar cosas que no van de acuerdo con nuestros valores personales y nos conduce progresivamente a ser más compulsivos y obsesivos".[1]

La adicción es un proceso que se usa para evitar o eliminar cualquier realidad que para nosotras sea intolerable o dolorosa.

Las adicciones no se limitan al consumo de drogas, alcohol o tabaco. ¿Quién de nosotras no conoce a una mujer adicta a la limpieza? Su tarea más importante es sacar brillo a lo brillante, ir detrás de sus invitados acomodando el sillón que acaban de abandonar, recogiendo los restos de cigarro cuando apenas se ha prendido el segundo de la tarde y viviendo en angustia permanente ante cualquier amenaza de un terrible microbio que pretenda apoderarse de cualquier rincón. Las adictas a la limpieza terminan siendo esclavas de cuatro paredes y, generalmente solas, pues ante la angustia de perder el olor a nuevo y a excesivamente limpio hay pocas invitaciones a la familia, niegan a los hijos el permiso para traer a sus amigos y evita cualquier acción que amenace el orden de su jaula de oro. A las casas demasiado limpias se les nota la tristeza y la falta de vida.

Al igual que con la limpieza, se desarrollan adicciones al trabajo, a una relación enferma, a ser agradable, al dinero, a cuidar la casa,

[1] Anne Wilson Schaef, *Meditaciones para mujeres que hacen demasiado*, Madrid, EDAF/Nueva Era, 1993.

a la comida con la que solemos consolarnos y creemos castigar a los demás. Conocer a una mujer que no hable de dietas —que no es lo mismo que hacerlas— resulta todo un suceso fuera de serie, más en estos tiempos donde el valor de lo estético y lo económico se ha colocado en el principio de la lista. Adicción al sufrimiento, a la opinión de los amigos, al sexo, a las compras.

Al escribir estas líneas recuerdo a la abuelita de unos primos cuya adicción a las telenovelas era tal que sacrificaba las vacaciones con tal de no perderse un solo capítulo.

Enlistar las adicciones provocaría escribir una enciclopedia, pero todas ellas nos conducen a lo mismo: cualquier adicción que controle nuestra vida y nuestra voluntad nos resta libertad y, por tanto, las posibilidades para construir una felicidad genuina. Y, como en muchos otros sucesos de nuestra vida, quien padece la adicción suele ser el último en enterarse y aceptarlo, lo que dificulta superarla con un mínimo de dolor.

Aún en materia de adicciones, la mujer encuentra mayores limitaciones para poder superarlas, pues muchas de éstas se practican a solas o a escondidas. El alcoholismo en mujeres es más difícil de detectar y, por lo tanto, de enfrentar pues se vive dentro de la casa, de la habitación, para evitar mayores sanciones de la sociedad que expresa: "No es lo mismo un hombre alegre que una mujer alcohólica. ¡Imagínate que horror!" El dolor y la angustia no distinguen sexo ni clase social, pero ser mujer, en muchos casos duplica su gravedad y dificultad para superarlos.

Una mujer maltratada incluso puede sonar normal en ciertas comunidades y se le recriminará tratar de cambiar su vida y elegir otras opciones.

La adicción se desarrolla cuando queremos evadirnos o defendernos del dolor, o cuando el anhelo de amor es tan grande que necesitamos llenar con algo nuestro vacío. El nivel de tolerancia va en aumento y cada vez se necesita más.

"El consumo de alcohol entre los jóvenes de 2005 a 2010 se incrementó de 42.1% a 52% y, de entre ellos, el incremento mayor está en el caso de las mujeres al crecer de 32.1% a 45.6%".[2]

Algunas manifestaciones de quien padece una adicción son las siguientes:

El engaño a sí mismo. La negación como el mecanismo de defensa más usado por el adicto, donde también los familiares codependientes participan y esconden la adicción. Pero cuando le señalan su adicción, la persona cambia el tema, lo rechaza, olvida o se enoja.

El autoengaño: "Cuando yo quiera dejar de fumar lo haré, pero ahora no lo deseo". O bien la esposa que dice: "Cuando la situación económica mejore, mi marido dejará de beber".

La deshonestidad y la adicción van de la mano, pues algunas de las características más visibles del adicto son la mentira y la manipulación. Mantienen relaciones en las que no prevalece la verdad y siempre están a la defensiva: no aceptan la crítica. Erigen una barrera infranqueable delante de ellos para protegerse y, cuando alguien los confronta, su mecanismo de defensa es desacreditar a esa persona en temas de su vida personal para disminuir la influencia de lo que ésta diga a los demás.

La batalla para vencer las adicciones no es sencilla, requiere de honestidad, mucho coraje y voluntad. Necesitamos saber que no estamos solos y muchas mujeres más sufren ésta u otras adicciones, necesitamos ya romper la barrera para salir y pedir ayuda. Quien vence la adicción se recupera a sí mismo y deja de ser un esclavo sin posibilidad de elección.

---

[2] Motivado en mayor medida por los llamados *ladies free* o *ladies night* que se ha generado en los establecimientos que venden bebidas alcohólicas, según datos presentados por el Instituto Mexicano de la Juventud (Imjuve) en el documento "Consumo de Bebidas Alcohólicas entre los Jóvenes Mexicanos", en agosto de 2012.

El ser es un regalo que se nos ha otorgado, pero también es necesario hacerse. Entre el ser y el hacerse hay un camino largo: nuestra biografía. Lo propio del hombre es autoconstruirse partiendo de lo dado que es el ser.

La mujer no se puede hacer a sí misma haciendo cualquier cosa, de ahí la trascendencia de las elecciones y sus consecuencias.

¿Por qué interesa tanto realizar bien el proyecto biográfico? Porque nos interesa construir cotidianamente nuestra felicidad aún en medio de "muchas tormentas".

La mujer maravilla

¿Y quién dijo que debemos ser perfectas?

Así como algunas mujeres eligen desperdiciar su vida, muchas otras son *siístas* y la palabra *no* les está prohibida. La mujer siísta mantiene el lema de los *scouts* "Siempre lista, a la hora que sea y para todos los que la necesiten". Cree que es indispensable y nadie podrá hacer las cosas mejor que ella. Las expectativas y exigencias son estrictas e implacables y la perfección en todos los aspectos de la vida se convierte en una obsesión.

La mejor madre, la ejecutiva del año, la esposa incondicional, la amiga maravillosa, la amante perfecta y dispuesta, el mejor cuerpo, el maquillaje impecable y una respuesta afirmativa para todos aquéllos que nos rodean. Se supone que debemos vivir acorde con nuestros papeles tradicionales: criar a los hijos, consentir a nuestros maridos y mantener hogares hermosos. A su vez, se supone que formemos parte de la fuerza de trabajo, compitiendo en el mundo de los hombres, escalando la jerarquía corporativa. Y, por si fuera poco, lucir amorosas y capaces cada minuto del día. También se espera que impresionemos a nuestros amigos con nuestro hermoso guardarropa y nuestra facilidad para el entretenimiento, el tenis y los arreglos florales. ¿Cómo es posible que hagamos todo eso al mismo tiempo?

John Powell afirma al respecto que, cuando la perfección es un ideal, se vuelve tortura. No así el crecimiento que ve la vida como un proceso durante el cual las habilidades se desarrollan de forma gradual.

Las mujeres heroicas suelen postergar sus deseos y necesidades, sean físicas o emocionales. Tienen una obsesión por triunfar, lograr el reconocimiento y admiración de los demás y, a cambio de estos aplausos, están dispuestas a todo.

Para una mujer heroica no hay tarea imposible, es capaz de dominar todo y controlar cada aspecto de su vida y la de quienes la rodean. Por eso acepta todos los compromisos que puede, sin importar si los quiere, con tal de sentirse suficientemente ocupada. Por ello, cuando no consigue la aprobación de los demás, la frustración se hace presente y la decepción la lastima profundamente. Vive en tensión permanente porque suele haber una desproporción entre las expectativas que se impone y la realidad que enfrenta.

Una heroína se basta a sí misma y, por tanto, prefiere hacer piruetas y malabares antes que pedir ayuda o aceptarla. Ella es fuerte, segura y cuida hasta el último detalle para que su imagen no se dañe en ningún momento.

Para la mujer maravilla el valor de la persona no está en el ser sino en el hacer, y cuando su actividad disminuye se siente culpable y su autoestima se afecta. Por eso no hay tiempo para ella, pues está empeñada en dar los resultados a los que se comprometió y que suelen estar más allá de sus posibilidades. Establecer metas responsables significa aceptar limitaciones. El heroísmo afirma que no existen.

A menudo gastamos grandes cantidades de tiempo, energía y emoción en los asuntos de otras personas y esperamos que lo aprecien, sin considerar si ellas desean toda esa atención. Animamos a los demás a que se conviertan en dependientes, mientras descuidamos nuestros propios problemas. Y, al final, no le estamos haciendo el favor a nadie.

La presión para ser una compañera sexual a la medida, administrar las tareas domésticas con facilidad, criar niños felices y hermosos y ser una dínamo profesional, todo ello casi sin despeinarnos, es estimulada por las imágenes de los medios de comunicación. Los anuncios presentan al ama de casa lavando kilos de ropa sin perder el peinado y a la ejecutiva disfrutando de elegantes y confortables lugares. Nada de cansancio, niños enfermos, problemas de salud, agendas apretadas o pérdidas de clientes. Por tanto, estar ocupadas nos hace sentir más completas, es una forma de ignorar el vacío interior.

La persona sana tiene el control de su vida, la perfeccionista es controlada. Los casos de desórdenes alimenticios ya rebasan hasta el más pesimista de los pronósticos. Según los datos de la Asociación Americana de Psiquiatría (APA), sólo en Estados Unidos un mínimo de 150000 mujeres mueren víctimas de anorexia cada año y, en muchos casos, pueden describirse como la versión femenina de *las mejores y más brillantes jóvenes inteligentes*, sensibles y deseosas de utilizar sus talentos, pero pertenecientes a una clase económica y cultural que siguen presionando a las mujeres para que sean decorativas y perfectas. Como se pregunta Naomi Wolf en nombre de todas las contemporáneas: "¿Cómo habría de reaccionar el país ante la inmolación en masa por hambre de sus hijos predilectos?"

La anorexia y la bulimia son patologías modernas que han sabido aprovecharse de las tendencias sociales de los países industrializados. En las últimas dos décadas, la delgadez se ha convertido en la tarjeta de visita de todos aquellos hombres y mujeres que desean triunfar social y profesionalmente. "Los mensajes que hacen referencia a la imagen corporal son omnipresentes y con ellos se transmite la idea de que estar delgado es el medio para obtener la felicidad y el éxito. La presión es excesiva", destaca el doctor Gonzalo Morandé, del Hospital Niño Jesús de Madrid.

[...] Mientras que entre las primeras pacientes que ingresamos apenas existían casos en los que los padres estuvieran divorciados, ahora nos encontramos con que la separación de los padres es una característica bastante frecuente en estos enfermos, así como, por ejemplo, vivir excesivamente protegidos", destaca el doctor Morandé.[1]

[1] Patricia Matey, "La nueva epidemia en los adolescentes", en *El Mundo*, 25 de septiembre de 1997, disponible en: <http://www.elmundo.es/salud/Snumeros/97/S262/S262alimentacion.html>.

De cada 100 mujeres en México, diez padecen anorexia y cinco de ellas mueren, mientras el resto sufre las consecuencias de la enfermedad durante toda su vida, informó Azucena Reyes Hernández, especialista del "Hospital Adolfo López Mateos" del ISSSTE, e integrante del "Grupo Comedores Compulsivos".

[…] La anorexia y la bulimia se han convertido en un problema de salud pública; su incidencia registra cifras muy altas y actualmente los hombres también sufren ambos padecimientos. Con base en cifras difundidas por el sector salud, cada año se registran 20 mil casos de anorexia y bulimia, y la edad promedio de inicio de estos padecimientos es a los 17 años, aunque algunos datos revelan edades de 14 a 18 años.

Noventa y cinco por ciento de los pacientes que padecen anorexia y bulimia son mujeres, mientras que el otro 5% son hombres.

En su mayoría son jóvenes los que padecen anorexia, principalmente mujeres solas, inestables, frágiles y débiles emocionalmente.

[…] La bulimia es una enfermedad que tiene que ver con "los atracones de comida", seguidos de un gran sentimiento de culpabilidad que termina en vómito.

En cuanto a "los comedores compulsivos", explicó que son aquéllos que pretenden olvidar sus problemas o suplir la carencia de afecto con el consumo de alimentos sin límite y durante todo el tiempo.[2]

La vida es muy apresurada, desordenada, con demasiados ruidos y distracciones como para escuchar nuestra voz interior.

Las exageraciones tienen fundamentos en la realidad, pero son distorsiones. "Soy la única que puede hacerlo." "Todos dependen de mí." "Las empleadas perfectas nunca cometen errores." "Las buenas madres están siempre disponibles para sus hijos." "Tarde

[2] Verónica Rangel, "Diez de cada cien mujeres padecen anorexia en México", en *W Radio*, 3 de abril de 2010, disponible en: <http://www.wradio.com.mx/noticias/actualidad/diez-de-cada100-mujeres-padecen-anorexia-en-mexico/20100403/nota/982850.aspx>.

o temprano tendré tiempo para mí." Se suele hablar en términos absolutos.

Cuando nos entregamos al trabajo, los hijos, las amistades y aventuras amorosas, o al matrimonio, y provocamos que nuestras necesidades queden relegadas o ni siquiera las consideramos, los resultados suelen ser trágicos. Al tratar de hacer todo a la perfección y obtener valoración y amor de aquellos que nos rodean, nuestra salud termina en el incinerador. Por las noches no dormimos, nos desmayamos. Pero si llegamos a despertar en la noche, empezaremos con una actividad mental mientras planeamos lo que haremos a la mañana siguiente. Detenerse a pensar y estar con nosotras mismas ni siquiera se cuestiona, pues todo el ser está programado para hacer.

Las mujeres indispensables tenemos normas excepcionalmente elevadas y no estamos satisfechas con un trabajo mediocre o relaciones tibias. Esperamos destacar, brillar. Cuando nuestra actuación no llama la atención, nos sentimos decepcionadas. Podríamos sentirnos enojadas, tristes, preocupadas e incluso avergonzadas. Pero en vez de reconocer estos sentimientos, manifestamos que nos sentimos presionadas.

"La velocidad es una cosa maravillosa: no tengo nada en contra de ella. Pero cuando la velocidad se vuelve prisa, es un veneno".[3]

Los japoneses tienen un proverbio al que deberíamos prestar atención: "El día que dejen de viajar, llegarán." Yo diría: "El día que paren de correr, llegarán".

Eso me recuerda a un padre que estaba con sus hijos en un museo y les decía "¡De prisa, porque si se paran a mirar cada cosa, no verán nada!"[4]

Ser flexible es una virtud de las personas inteligentes, no hay fanático inteligente. No hay que esperar hasta llegar al final para

[3] Anthony de Mello, *Caminar sobre las aguas*, Argentina, Lumen, 1993.
[4] *Idem.*

descansar y disfrutar sino buscar estaciones intermedias. Ser feliz en lugar de hiperactiva. Hay que disfrutar lo que hacemos, no padecerlo, pero la línea que separa estas actitudes es casi imperceptible.

Ejercer el derecho a equivocarnos es fundamental para madurar y lograr nuestros propósitos. Es un acto de irresponsabilidad no dedicar tiempo a uno mismo. La caridad comienza en casa: si no me amo a mí misma, no puedo amar a nadie más. Hacer caso omiso de las necesidades propias es, desde luego, un suicidio. Por lo general, las mujeres heroicas ocupan el segundo lugar en capacidad de expresión.

Dividimos nuestro ser en tres: cuerpo, mente y alma. Así, confiamos nuestro cuerpo al médico, nuestra mente a los psiquiatras y nuestra alma a los teólogos, olvidando que somos uno solo. Por eso, un problema que se origina en una de las partes puede afectar al resto.

El estrés crónico y recurrente agota el cuerpo y aniquila el sistema inmunológico. A causa de éste nos enfermamos e incluso podemos morir.

Los médicos de la Academy of Psychosomatic Medicine (APM), fundada en 1953, calculan que desde la década de los noventa ya entre 75% y 90% de todas las enfermedades diagnosticadas derivan del estrés. Las tres drogas prescritas con mayor venta en Estados Unidos son Valium para el relajamiento, Inderal para la presión alta y Tagamet para las úlceras.

Hablando en términos prácticos, cada vez que te sientas presionada o al borde de aceptar una nueva demanda, detente y pregúntate: "¿Quién me obliga a hacer esto?" Si la respuesta es "Yo", entonces decide si en realidad es necesario asumir una nueva obligación. Si la sensación de presión proviene de fuentes externas, dependerá de ti asumir o no la responsabilidad.

Otra manifestación de autocastigo es la filosofía cicatera de quien se apega demasiado al dinero y a las cosas y no permite la autorrecompensa. La tacaña siempre la verá como innecesaria, debido a que no producirá nada tangible. Dirán: "No es necesario ni de vida o muerte".

Ahorrar no debe convertirse en un fin mismo, sino en una actitud previsora. Si prefieres entregar tu dinero a las farmacias, los psicólogos y médicos, no te des gustos. Nos encontramos a mujeres cuyo mayor orgullo es presumir de las gangas que consiguieron en su último viaje y es común ver que los zapatos les aprietan a sus hijos o les quedan enormes porque eran los de la barata. Mientras tanto, la chequera engorda. Conocerán por lo menos a una de estas mujeres para quienes gastar un centavo se convierte en un acto extremo de sacrificio. No se trata de derrochar o gastar lo que no se posee, pero la avara hace del dinero un fin y no un medio, y así su restringida generosidad la hace miserable con quienes ella dice amar más.

Terminamos por no disfrutar, padecemos, sufrimos y entre más nos movemos, menos logramos, entre más hacemos, menos poseemos; entre más decimos sí, menos nos gustamos. Mi donación no es por amor, sino para lograr ser aceptada y querida.

Resulta urgente mirar hacia nosotras, porque el mundo interior nos hace fuertes, valientes y estar seguras de nosotras mismas, porque nos ayuda a situarnos como prioridad. Confundimos felicidad con estar contentas, ir de compras, cumplir caprichos.

La enfermedad y la salud tienen una relación directa con nuestros pensamientos y emociones. Nosotras participamos directamente en nuestra salud. Aprender a decir *no* es una condición para crecer y un gran ejercicio para el amor. Cuando dices *sí* por no desilusionar a alguien, es cobardía. La persona libre es la capaz de decir *sí* o *no* con la misma sencillez y bajo cualquier circunstancia.

La persona sana es libre y elige de esa manera. La perfeccionista no lo es, su espíritu libre vive en una prisión. Su valor se mide por su desempeño, su éxito es producto de su ir y venir pero no por ser quien es.

Es muy común que las mujeres describan un sentimiento de pérdida asociado con la ausencia de actividad cuando están descansando o tranquilas. Existen cinco categorías de supuestos que crean expectativas de perfeccionismo y de ser indispensables:

- *Exageraciones*: "Soy la única que puede hacerlo." "Todos dependen de mí."
- *Absolutismos*: "Las buenas esposas siempre están disponibles."
- *Ultimátum*: "Si no me ocupo, todo se derrumbará."
- *Axiomas*: "Cuanto más haces, más vales."
- *Excusas*: "Es más fácil que lo haga yo misma."[5]

¿Hace cuánto tiempo que no contemplas un atardecer y las figuras del fuego en una chimenea? ¿Cuándo diste el último paseo por el parque o bosque sin prisa? ¿Cuánto tiempo hace que no disfrutas de tu jardín o álbum de fotografías? ¿De cuántas cosas nos

[5] Ellen Sue Stern, *La mujer indispensable*, México, Paidós, 1990, pp. 180-181.

perdemos por caer en esta adicción al trabajo tan engañosa y que aparenta ser tan buena?

Nuestra cultura afirma a las personas por lo que hacen o logran y no por lo que son. Para lograr la intimidad conmigo misma, con los demás y con Dios, la parte que yo ofrezco es lo que soy.

También nos vemos atormentadas de otras formas. Nos sentimos continuamente forzadas a elegir entre el trabajo, la familia o las relaciones amorosas. Las aspiraciones financieras y mundanas combaten el deseo de alimentar y apoyar nuestro aspecto espiritual. Luchamos con las necesidades antagónicas para establecer el orden y la estabilidad sin perder la capacidad para el amor, la espontaneidad y la plena expresión de la sexualidad. Criticamos las restricciones de épocas pasadas, pero la sociedad contemporánea aún es deficiente para ayudar a las mujeres a encontrar caminos creativos para equilibrar y satisfacer todos los aspectos de sus vidas.

Lo que nos ayudaría es aprender a clasificar los valores, priorizar, establecer límites y ser flexibles para reencontrarnos y volver a comenzar.

Darnos permiso

Desgastamos la vida en tonterías que nada valen.
Y la vida es el más preciado regalo que se puede desear.
Intentar impresionar a la gente,
¿para qué sirve eso?

La complejidad de la vida actual y la velocidad con que debemos vivir nos impiden disfrutar de lo sencillo y darnos permiso para sentir, desear, querer, disfrutar y arriesgar.

Conforme pasan los años, nuestros sentidos se atrofian y el ruido de afuera no nos permite siquiera escucharnos. Dejamos de percibir el aroma. El degustar resulta imposible cuando hay que consumir una comida en tres minutos y el recuerdo de sentir se quedó en el jardín de niños cuando nos sorprendían las texturas lisas y corrugadas. Miramos, pero no observamos, y hemos entrado a un mundo de comodidades y complacencias en donde arriesgarnos a una aventura diferente está fuera de nuestra perspectiva. Nos hemos olvidado de disfrutar nuestros sentidos y vivirlos con mayor intensidad.

Valdría la pena preguntarnos si la niña que fuimos ayer, se siente orgullosa de la mujer que somos hoy. Esperar grandes acontecimientos para alegrarnos y sentirnos bien nos impedirá disfrutar de la vida. Habría que hacer de cada día un gran evento de modo que cada uno cuente.

Cuando nació mi hermana mayor, una humilde mujer asistió a mi mamá y le dijo: "Mira, cuando un niño nace trae un libro en la cabeza y en éste debes anotar todo lo que gustes, sin olvidar que esto ya no se borrará tan fácilmente. Cada día que pase se abrirá una hoja nueva y, cuando tu niña crezca, ella también escribirá…"

No cabe duda que era una mujer sabia. Ahora, ¿cómo escribimos cada página, cada día de nuestra vida? ¿Cuántas páginas dejamos incompletas o en blanco porque no nos dimos permiso de llenarlas con las líneas que más deseábamos o los sentimientos que queríamos expresar? O tal vez habrá otras en donde los borrones y las faltas de ortografía se destacaron más que los aciertos y las frases bien escritas.

Tenemos el poder para escribir líneas de luz pero también de oscuridad, de pasar por la vida o dejar que la vida pase por nosotras sin percatarnos de ello. El cuerpo es un instrumento para sentir. "Escogemos mucho de lo que el cuerpo siente. Yo quiero escoger la alegría."

La exploración es uno de los comportamientos que garantizan el desarrollo inteligente y emocional de nuestra especie. La inercia ha reemplazado la audacia del explorador. Poseemos listas interminables de rutinas y nos enorgullecemos estúpidamente de ellas porque generan "estabilidad". Somos más teóricas que empíricas. Tenemos miedo a lo desconocido, pocas veces nos aventuramos a ir más allá de nuestro territorio y, cuando lo hacemos, organizamos las cosas de tal forma que nada se nos escape de control, es decir, que no haya imprevistos.

En ocasiones ponemos demasiados requisitos a las emociones y las racionalizamos antes de aceptarlas, olvidando que son parte de nosotras. En la medida que las neguemos limitaremos el amor a nosotras mismas y a los demás. Probablemente son miles "Te quiero" sin decir, los anhelos prisioneros, caricias reprimidas y ahogadas sonrisas espontáneas. Una condición de estar vivo es sentir. Las cuotas y los límites para sentir estropean la posibilidad de una vida más plena. Las emociones son parte de ti: si las niegas o temes, perderás no sólo la capacidad de amarte a ti misma, sino de amar a otros.

Lo que el oído desea oír es música y la prohibición a esto se llama obstrucción del oído; el ojo desea ver belleza y la prohibición a esto es la obstrucción de la vista; la nariz desea oler perfume pero su prohibición es la obstrucción del olfato. La boca quiere hablar de lo justo e injusto y su prohibición es la obstrucción del entendimiento; el cuerpo desea disfrutar de ricos alimentos y bellas ropas y la obstrucción a esto es la obstrucción de las sensaciones del cuerpo. Lo que la mente quiere es ser libre, y la prohibición a esta libertad se llama obstrucción a la naturaleza.[1]

Debemos aprender a convivir con nuestras emociones. Elegir las que nos convengan y colaborar en nuestro proceso de crecer y desechar las que nos disgustan y nos limitan. Tenemos derecho a esta elección. Para saber quiénes somos es necesario ser conscientes de nuestros sentidos y emociones, de nuestra mente, voluntad e interioridad. Nadie puede tener relaciones profundas con otra persona si no las tiene primero consigo mismo.

No temas a tu piel, ésta te relacionará con un mundo adormecido por el uso de la ropa y los tabús, no esperes las vacaciones para sacar y hacerla sentir. El olor de la comida, la lluvia, la tierra mojada y los perfumes están ahí, esperando que los disfrutemos. La aromaterapia busca dar salud a través de sensibilizar nuestro olfato y nuestra piel. Una excelente novela de Laura Esquivel, *Como agua para chocolate*, nos adentra al mágico mundo de los aromas y la degustación que trascienden lo inmediato y lo visible. Mi mamá, que es una excelente cocinera, me enseñó a saborear el amor por la comida y, de paso, por la vida. Cada uno de nosotros tiene su propio aroma y tal vez aún no nos percatemos de ello, pero nuestra ropa tiene nuestro olor, así como cada uno de nuestros espacios y territorios. Nadie huele como nosotras, hasta en eso tenemos exclusividad.

Hace falta aprender a escuchar, se invierte mucho en aprender a hablar, leer y escribir, pero no en escuchar a nuestro yo, a nuestro entorno, el todo que nos rodea.

Se escucha con todo: los ojos, para captar el lenguaje corporal que muchas veces transmite más contenido que las mismas palabras; con el entendimiento, para captar las razones de lo expresado

---

[1] Fernando Savater, *Ética para Amador*, México, Planeta, 1990, pp. 160-161.

y su relación con quien lo expresa con el corazón, para participar de los sentimientos del otro y comprender lo que siente.

Darnos permiso de equivocarnos, sentir la lluvia, cambiar nuestras estrictas normas de vida si es que las tenemos, hacer algo distinto, cambiar la rutina diaria, probar nuevos sabores, expresar lo que sentimos sin cuidarnos de quedar bien según lo establecido, reírnos hasta no poder, llorar si se nos antoja, cantar lo que siempre hemos deseado, vestirnos con esos colores aunque los expertos determinen que no son para nosotros, decir "Te quiero" o "Lo siento", dar una caricia, sentir nuestro cuerpo, descalzarnos como cuando éramos niños, sentir el frío y disfrutar el calor y escuchar nuestro espíritu son sólo algunos de los permisos que podríamos otorgarnos de vez en cuando.

Darnos permiso nos ayudará a despertarnos, a dejar de vivir como zombis. La realidad nos tiene que despertar al confrontar las verdaderas razones de nuestros actos, necesitamos saber si los hacemos por costumbre o porque así se supone que deben hacerse.

Renunciemos a nuestras zonas de comodidad que no nos ofrecen retos ni desafíos. Cuando actuemos en contra de nuestros temores incapacitantes nos liberaremos, saldremos de la oscuridad, emplearemos nuestros dones, talentos y sentidos, y no nos conformaremos con hacerlos operar cinco o diez por ciento. Sólo entonces pasaremos de lo parcial a lo pleno y la intensidad y amplitud de vida serán nuestro regalo. Nos permitiremos renacer completas. Recordemos que lo rígido se quiebra con facilidad. Disfrutar es aquella sensación de estar aprovechando cada momento de nuestra vida.

Damos pistas falsas y tememos compartir lo que realmente sentimos. Para cambiar no hay manuales, sólo hay que empezar a hacerlo. Un acto de amor para con nosotras mismas es la apertura. Una de las frases del *Talmud* resulta aleccionadora: "Todos serán llamados a rendir cuentas por todos los legítimos placeres que él o ella han dejado de disfrutar".[2]

Hay que ser niños nuevamente y, no se trata de comportarse de manera infantil, sino de estar totalmente comprometidos con el momento en vez de pensar en las cosas que debemos hacer antes de disfrutar cualquier actividad. Tampoco se trata de confundir los placeres momentáneos con la felicidad, creer que ir de compras aliviará nuestras penas o que pasarla súper una noche es suficiente para trascender.

Se trata más bien de vivir con alegría, de elegir y comprometerse con todas nuestras posibilidades físicas, afectivas y mentales. La libertad es compromiso, de ahí que sea grave confundir amor con sentimentalismo. "El error del sentimentalismo reside en confundir el amor, el verdadero querer del hombre, 'con unos sentimien-

---

[2] El *Talmud* es una obra dividida en dos partes que trata sobre las doctrinas, costumbres, leyes e historias de los judíos.

tos dulzones y blandos [...]'. Ello no sólo es sensiblería. [...] Los que así actúan, en lugar del corazón tienen en el pecho un bote de mermelada."[3]

Por ejemplo, la práctica de algún deporte, siendo económicamente placentera, puede ser vista como desagradable desde el lecho matutino.

Las pasiones son importantísimas, sin éstas no habría aventura, empresa o poesía, pero si siguen su propio rumbo destruyen al individuo.

Cuando nos conformamos con la superficie y elegimos sentir a ratos, antes que hacerlo por dentro y de forma permanente, nos convertimos en mujeres de goma: cursis por fuera y huecas por dentro.

El buscador

Ésta es la historia de un hombre al que yo definiría como buscador.

Un buscador es alguien que busca, no necesariamente es alguien que encuentra.

Tampoco es alguien que, necesariamente, sabe lo que está buscando. Es simplemente alguien para quien su vida es una búsqueda.

Un día el buscador sintió que debía ir hacia la ciudad de Kammir. Él había aprendido a hacer caso riguroso a esas sensaciones que venían de un lugar desconocido de sí mismo, así que dejó todo y partió.

Después de dos días de marcha por los polvorientos caminos divisó, a lo lejos, Kammir. Un poco antes de llegar al pueblo, una colina a la derecha del sendero le llamó la atención.

Estaba tapizada de un verde maravilloso y había un montón de árboles, flores y pájaros encantadores. La rodeaba por completo una especie de valla pequeña de madera lustrada... Una portezuela de bronce lo invitaba a entrar.

[3] Carlos Llano, "El carácter: ¿armonía o lucha?", en *Istmo*, Coloquio, núm. 224, México, 1998.

De pronto sintió que olvidaba el pueblo y sucumbió ante la tentación de descansar por un momento en ese lugar.

El buscador traspasó el portal y empezó a caminar lentamente entre las piedras blancas que estaban distribuidas como al azar, entre los árboles. Dejó que sus ojos se posaran como mariposas en cada detalle de este paraíso multicolor.

Sus ojos eran los de un buscador, y quizá por eso descubrió sobre una de las piedras, aquella inscripción: *Abdul Tareg, vivió 8 años, 6 meses, 2 semanas y 3 días.*

Se sobrecogió un poco al darse cuenta de que esa piedra no era simplemente una piedra, era una lápida.

Sintió pena al pensar que un niño de tan corta edad estaba enterrado en ese lugar.

Mirando a su alrededor el hombre se dio cuenta de que la piedra de al lado también tenía una inscripción. Se acercó a leerla, decía: *Yamir Kalib, vivió 5 años, 8 meses y 3 semanas.*

El buscador se sintió terriblemente conmocionado. Este hermoso lugar era un cementerio y cada piedra, una tumba. Una por una, comenzó a leer las lápidas.

Todas tenían inscripciones similares: un nombre y el tiempo de vida exacto del muerto. Pero lo que lo conectó con el espanto, fue comprobar que el que más tiempo había vivido sobrepasaba apenas los 11 años… Embargado por un dolor terrible, se sentó y se puso a llorar.

El cuidador del cementerio pasaba por ahí y se acercó. Lo miró llorar por un rato en silencio y luego le preguntó si lloraba por algún familiar.

—No, ningún familiar —dijo el buscador—, ¿qué pasa con este pueblo?, ¿qué cosa tan terrible hay en esta ciudad?, ¿por qué hay tantos niños muertos enterrados en este lugar?, ¿cuál es la horrible maldición que pesa sobre esta gente que los ha obligado a construir un cementerio de niños?

El anciano sonrió y dijo:

—Puede usted serenarse. No hay tal maldición. Lo que pasa es que aquí tenemos una vieja costumbre. Le contaré…

Cuando un joven cumple 15 años sus padres le regalan una libreta, como ésta que tengo aquí, colgando del cuello.

Y es tradición entre nosotros que a partir de allí, cada vez que uno disfruta intensamente de algo, abre la libreta y anota en ella:

A la izquierda, qué fue lo disfrutado... A la derecha, cuánto tiempo duró el gozo.

Conoció a su novia y se enamoró de ella. ¿Cuánto tiempo duró esa pasión enorme y el placer de conocerla?, ¿una semana?, ¿dos?, ¿tres semanas y media...?

Y después... la emoción del primer beso, ¿cuánto duró?, ¿el minuto y medio del beso?, ¿dos días?, ¿una semana...?

¿Y el embarazo o el nacimiento del primer hijo...?

¿Y el casamiento de los amigos...?

¿Y el viaje más deseado...?

¿Y el encuentro con el hermano que vuelve de un país lejano...?

¿Cuánto duró el disfrutar de estas situaciones...? ¿Horas?, ¿días...?

Así vamos anotando en la libreta cada momento que disfrutamos... cada momento.

Cuando alguien muere es nuestra costumbre abrir su libreta y sumar el tiempo de lo disfrutado para escribirlo sobre su tumba porque ése es, para nosotros, el único y verdadero tiempo *vivido*.

Jorge Bucay

¿Cuál sería hoy tu edad? ¿Cuánto del tiempo de tu vida has experimentado momentos que dieron vida a tu vida? ¿Los recuerdas?

Podemos hacer una diferencia. Nuestro tiempo es corto, pasa rápido y el mundo es un lugar muy grande. Ya sea que el tiempo pase rápidamente o lentamente, la verdad es que el único momento que hoy cuenta es éste. No importa la cantidad de tiempo que tengamos o cuánto tiempo haya pasado, si hacemos el mejor uso posible del momento en el que estamos sumamos tiempo de vida a nuestra libreta. Porque cada momento es una oportunidad para renovarse. Cada momento es una oportunidad para transformarnos, para dar sentido a tu vida.

Haz el viaje al interior de tu ser y respóndete: ¿cuál sería hoy tu edad?, ¿qué es lo más difícil de mirar en el mundo? Lo más difícil de ver en el mundo es un espejo.

Rabino Marcelo Rittner[4]

Hay un sexto sentido que ciertas mujeres desarrollan con habilidad excepcional. Son aquéllas que con frecuencia afirman "¡Te lo dije!", esa intuición que les permite adelantar y adentrarse al corazón de los demás apenas viéndolos.

Nuevas posibilidades

Tenemos muchas, muchas partes de nosotros mismos presentes, pero no manifiestas… presentes, pero desconocidas… presentes, pero escondidas. Así, nuestro viaje hacia el futuro, no importa desde dónde partamos, siempre será una sorpresa maravillosa. A veces dolorosa, a veces gratificante, pero siempre nueva.[5]

La gente dormida y programada es controlada más fácilmente por la sociedad. Cuando se vive dormido, no se sabe cómo suceden las cosas y se olvidan los sueños y metas que alguna vez nos fijamos. La elección de vivir se hace todos los días.

Lo maravilloso de verse en el espejo interno es descubrir no sólo lo que somos, sino lo que podemos llegar a ser y que no puede depositarse al azar. Mientras más se intervenga, menos posibilidades se dejan a las circunstancias.

"Ya no cualquier cosa me divierte, cualquier compañía me satisface y vivir comienza a convertirse en una especialización."[6]

[4] El rabino Marcelo Rittner nació en Buenos Aires, Argentina, en abril de 1947 y es licenciado en sociología por la Universidad de Belgrano (1973).

[5] Virginia Satir, *Vivir para amar. Un encuentro con los tesoros de tu mundo interior*, México, Pax, 1996.

[6] Patricia Vidal, *Árbol que crece torcido… sólo el amor lo endereza*, México, Tespo, 1995.

Trabajo,
¿enemigo o aliado?

Cuando hay talento y capacidad,
se olvida el sexo y también la edad.
CAROLINA NIETO

Hay una desviación al creer que sólo la mujer que labora fuera de casa *trabaja*, como si la que permanece en el hogar no lo hiciera. Incluso existe polémica entre las mismas mujeres, con la cual se descalifican unas a otras dependiendo de sus circunstancias, y no se ayuda a nada ni a nadie. Millones de mujeres han pasado del doble papel, esposa y madre: al triple esposa, madre y proveedora.

Aunque no es un tema muy estudiado en América Latina, los datos presentados llevan razonablemente a inferir que, por una parte, el esfuerzo de educación, calificación y dedicación laboral que están realizando las mujeres para insertarse en trabajos más calificados está logrando mayores avances —con respecto a la disminución de la brecha salarial entre los sexos— en las ocupaciones más calificadas que en las de menor calificación. Pero también denotan que, a pesar de sus esfuerzos, las mujeres calificadas sufren una discriminación salarial en relación con los varones de categorías ocupacionales similares.

La incorporación de la mujer a los procesos productivos es una situación que, de manera creciente, se ha observado a lo largo de los últimos años. Esta feminización del trabajo tiene sus causas en aspectos de índole cultural, económica, demográfica, sociológica y política. Sin embargo, el marco legal vigente en la materia es el mismo desde los años posteriores a la Segunda Guerra Mundial.

Simplemente recordemos que hace tiempo en algunos países latinoamericanos, a principios del siglo pasado, las leyes establecían que era necesario el consentimiento del marido para que la mujer pudiera celebrar un contrato de trabajo.[1]

[1] Carlos Reynoso, "La mujer en el trabajo", en *Revista laboral*, núm. 65, México, 1998.

El número de mujeres que trabajan fuera del hogar se ha incrementado sustancialmente. Este cambio no ha resultado fácil para el hombre ni la mujer, pues tienen que encontrar modelos de relación diferentes del tradicional, lo cual no siempre se logra con facilidad.

Los cambios de la vida moderna y el hecho de que las madres de familia trabajen, ya sea por necesidad económica o autorrealización, ha provocado que la dinámica dentro de la relación de pareja y las relaciones familiares se modifiquen.

La megatendencia a finales del milenio pasado indicaba que en el 2000 las mujeres representarían 50% de la masa laboral y más de 80% de ellas, entre los 25 y 45 años, estarían trabajando fuera de casa al término del siglo XX. Cabe preguntar, ¿qué se podrá prever entonces para el futuro de la familia, y en especial para el futuro de las mujeres, si esa época ya pasó y el hombre no ha aprendido a compartir las labores caseras, de tal manera que la mayor parte de la carga doméstica continúa siendo de las mujeres? Las respuestas que encontraremos no serán satisfactorias.

En el ámbito de las remuneraciones permanece la disparidad. Las mujeres trabajadoras desean recibir el mismo salario, respeto y seguridad que los hombres por un mismo trabajo.

Aunque en el pasado las mujeres consideraban sus empleos como un ingreso adicional del presupuesto familiar, ahora 64% de las encuestadas dijeron que aportan la mitad o más de los ingresos del hogar.

Cuando la encuesta Gallup cuestiona sobre las preferencias para elegir a un jefe en el ámbito laboral, si se opta más por hombre o mujer, la respuesta mundial revela que las mujeres enfrentan un serio obstáculo en los centros de trabajo.

En todos los países se prefiere trabajar con un jefe hombre. Cuatro de cada 10 encuestados (39%) opinaron que sería benéfico un mayor involucramiento de las mujeres, contra 13% que se manifestó en sentido opuesto.

Un dato relevante es que muchas más mujeres que hombres desearían renacer con sexo diferente al actual. Expresaron, para ello, que hubieran preferido ser hombres para tener más oportunidades y un mejor trato familiar.

Durante años muy frecuentemente en las oficinas públicas y privadas se solicitaba en el catálogo de puestos la comprobación de no embarazo, o bien, que no se embarazaría la mujer hasta después de seis meses de haber ingresado a laborar, de lo contrario, sería despedida.[2]

La congresista mexicana María Elena Chapa narra el máximo grado de discriminación que se da en algunas maquiladoras de la frontera norte, donde se obliga a las empleadas a que muestren la toalla sanitaria a la supervisora para comprobar que no están encintas.

Un destacado asesor de empresas asiáticas me comentó la resistencia que enfrentó por parte de un alto directivo de una empresa coreana para que pagara los honorarios a una abogada mexicana, ya que éste insistía en que el trabajo de la mujer no debería ser retribuido en ningún aspecto.

En países como México, Japón, Dinamarca y Malasia, sólo por mencionar algunos, se viven fuertes migraciones de mujeres en busca de una mejor oportunidad de empleo y un pago más justo.

Nosotras debemos ser las primeras en creernos capaces de desarrollar con excelencia toda clase de tareas, pero eso requiere de nuestra mayor solidaridad. Necesitamos reforzar la confianza en nuestros talentos y capacidades.

En la NASA hay un cartel que dice lo siguiente: "De acuerdo con todas las leyes de la física y la aerodinámica, el cuerpo de la abeja no es apto para volar, lo importante es que ella nunca lo supo".

El desafío en este ámbito es todavía enorme. Mientras siga escuchando de algunos padres expresiones como "Soy muy desgraciado

[2] María Elena Medina, *Reforma*.

porque sólo tengo hijas y no sé a quién heredar mi empresa", la batalla será ardua pero no imposible.

Hoy en día las empresas se heredan por motivos biológicos, al hombre mayor, haciendo de lado, en un sinfín de casos, la capacidad manifiesta del heredero y el talento de las mujeres de la familia, a quienes se exige el doble o simplemente se les descarta.

En la medida en que el trabajo sea un camino de realización personal y de una vida más armoniosa y plena, la mujer podrá ser colaboradora fundamental en los retos que enfrentemos.

Por el contrario, si el trabajo deshumaniza a la mujer y la orilla a olvidarse de sus sueños, dignidad y posibilidades de realización integral, terminará por empobrecerla junto con todo aquello que la rodea.

Ante este reto, la educación se convierte en un requisito y no un privilegio o, lo que es peor, se considera que una mujer educada es una mala inversión. Todavía subsiste aquel dicho: "Mujer que sabe latín no tiene marido ni tiene buen fin". Como señalaba John Ruskin:

Todo objeto de la verdadera educación es hacer que el hombre no solamente haga lo que debe, sino que goce haciéndolo; que sea no solamente industrioso, sino amante de la industria; no solamente sabio, sino amante de la sabiduría; no solamente amable, sino amante de la pureza; no solamente justo, sino que tenga hambre y sed de justicia.[3]

La legislación y los diferentes ámbitos de nuestra vida deberán atender estas nuevas realidades, de tal forma que el trabajo signifique para la mujer un espacio de creación y desarrollo humano y deje de ser —como hoy sucede para un gran número de ellas— una carga obligada no remunerada con equidad y justicia.

En un futuro no muy lejano, hombres y mujeres trabajarán por razones económicas y se necesitarán mutuamente para la crianza de sus hijos. Es posible que el estado contribuya para encontrar horarios más flexibles y tiempos parciales que permitan a hombres y mujeres, separados y a cargo de sus hijos, pasar más tiempo con ellos. De hecho, estos cambios ya se han experimentado en países desarrollados, donde hay un compromiso con la igualdad entre los hombres y mujeres y una política social basada en la familia.[4]

Sin embargo, en la actualidad aún ocurren situaciones como las siguientes:

Las mujeres realizan una contribución sustancial al bienestar económico al aportar grandes cantidades de trabajo no remunerado, como

---

[3] Linda y Richard Eyre, *Cómo enseñarles alegría a los niños*, Bogotá, Norma, 1987.

[4] Nelly Rojas, *La pareja. Cómo vivir juntos*, Bogotá, Planeta, 1995.

en el cuidado de los niños y tareas domésticas, que en muchos casos siguen siendo invisibles y no se contabilizan en el PIB.[5]

[...] En promedio, las mujeres dedican el doble de tiempo que los hombres a tareas domésticas y cuatro veces más al cuidado de los niños, lo cual permite que los hombres de la familia dispongan de mayor cantidad de tiempo para participar en la fuerza laboral formal.[6]

[...] Existe una significativa disparidad salarial entre hombres y mujeres, aun dentro de las mismas ocupaciones e incluso si se tienen en cuenta las características individuales, como la educación.

[...] La brecha salarial aumenta de manera abrupta durante los años de procreación y cuidado de los niños, lo cual indica que la maternidad está "penalizada" con una pérdida salarial estimada en 14% en los países de la Organización para la Cooperación y el Desarrollo Económicos (OCDE). En las economías emergentes, la brecha salarial muestra grandes variaciones, y es relativamente alta en China, Indonesia y Sudáfrica.

[...] En todos los países, la representación femenina en los altos cargos y entre los empresarios sigue siendo baja. Por ejemplo, durante 2008-2012, la proporción de mujeres al frente de las 500 empresas de la lista de *Standard & Poor's* se mantuvo en cuatro por ciento. En los 27 países de la Unión Europea, solamente 25% de las empresas que emplean personal son de propiedad de mujeres. En 2012, sólo alre-

---

[5] Los agregados de ingreso nacional invariablemente omiten contabilizar adecuadamente la economía no remunerada (Stotsky, 2006). El grado en que este tipo de trabajo se contabiliza en el PIB refleja la comercialización de estos servicios, que difiere de un país a otro (Freeman y Schettkat, 2002). La limitada participación de las mujeres en el mercado laboral da como resultado niveles mucho más bajos de actividad económica medida, con una diferencia con respecto a la actividad económica potencial de hasta 34% en algunos países (Aguirre y otros, 2012).

[6] Mientras que los hombres tienden a participar en tareas domésticas que por su carácter más esporádico se adaptan con mayor facilidad a los horarios de trabajo, las mujeres asumen mayormente la responsabilidad por las tareas domésticas rutinarias que deben realizarse con prescindencia de que tengan o no otras presiones laborales.

dedor de 20% de las bancas en los parlamentos nacionales estaban ocupadas por mujeres. Y cuando las mujeres asumen cargos públicos de mayor jerarquía, suelen ocupar ministerios encargados de temas socioculturales más que aquellos con funciones en el área económica y otras áreas estratégicas clave (OCDE, 2012). Asimismo, los datos a nivel microeconómico indican que los estereotipos de género pueden menoscabar la participación de las mujeres en la política.[7]

En muchos países en desarrollo, las mujeres y las niñas son especialmente vulnerables a los efectos de la crisis económica. Por ejemplo, en América Latina y el Caribe, la crisis económica afectó de manera desproporcionada al empleo femenino, ya que las mujeres sufrieron alrededor de 70% del total de despidos en México y Honduras (Mazza y Fernandes Lima da Silva, 2011).

En muchos países, el aumento del desempleo juvenil como consecuencia de la crisis también afectó desproporcionadamente a las mujeres jóvenes.[8]

Las dobles o triples jornadas son una realidad para por lo menos 90 de cada 100 mujeres, que combinan sus actividades extra domésticas con quehaceres del hogar.[9]

[7] En un experimento de campo realizado en Bengal occidental, Beaman y otros (2009) observan que los hombres tienen un fuerte prejuicio en contra de la eficacia de las mujeres en la política, y que, ante el mismo rendimiento general como políticos, evalúan de manera significativamente más desfavorable a las mujeres que a los hombres. Sin embargo, el prejuicio es mucho menor en el caso de los hombres que han estado expuestos desde temprano a mujeres que participan en la política.

[8] Katrin Elborgh-Woytek *et al.*, *Las mujeres, el trabajo y la economía: Beneficios macroeconómicos de la equidad de género*, Fondo Monetario Internacional, septiembre de 2013, disponible en: <http://www.imf.org/external/spanish/pubs/ft/sdn/2013/sdn1310s.pdf>.

[9] Instituto Nacional de Estadística y Geografía, *Encuesta Nacional de Ocupación y Empleo (ENOE)*, disponible en: <http://www.inegi.org.mx/est/contenidos/proyectos/encuestas/hogares/regulares/enoe/>.

Así, por cada 10 horas de trabajo total femenino, los hombres realizaron 8.5 horas.[10]

En un informe del Banco Mundial de 2014 se da a conocer que por cada dólar de ingreso de los hombres, las mujeres perciben 20 centavos de dólar.

Las mujeres mexicanas están terminando la universidad con mejores calificaciones que los hombres, pero antes de que cumplan 30 años, ya estarán ganando 10% menos que ellos.

A pesar de todo esto, las mujeres destinamos una gran parte de nuestros ingresos a la comunidad, pagamos nuestros crédito casi en 100% de los casos, somos las mejores pagadoras y los hechos demuestran que ejercemos los cargos con mayores índices de honestidad.

Los gobiernos, las empresas, las mujeres, los hombres y las familias tenemos que cambiar muchos paradigmas, tenemos que facilitar urgentemente a las mujeres sus diferentes roles, desde la colaboración en las tareas del hogar hasta instituciones con horarios y apoyos que permitan un desarrollo integral de las mujeres sin tanta angustia, discriminación, abusos y desgaste.

La gran mayoría de las mujeres mexicanas desean hacer compatible la atención a sus familias con un empleo remunerado. Casi 70% de las mujeres ocupadas en el mundo laboral son mamás.

Tenemos mucha tarea por delante, y si bien se han registrado avances, es mucho más lo que falta por hacer. Miles de mujeres en nuestro país no cuentan con prestaciones, ni contratos escritos, y algunas estadísticas internacionales son brutales al respecto.

---

[10] Inegi, *Estadísticas a propósito de... Día Internacional de la Mujer (8 de marzo)*, 4 de marzo de 2014, disponible en: <http://www.inegi.org.mx/inegi/contenidos/espanol/prensa/Contenidos/estadisticas/ 2014/mujer0.pdf>.

Desde comienzos de los años noventa, el número de hogares encabezados por mujeres aumentó hasta llegar a representar entre una cuarta y una tercera parte del total en 2002.

Noventa por ciento de los hogares monoparentales[11] están a cargo de una mujer y muchas de ellas no reciben pensión alimenticia por parte de la ex pareja.

En siete países las mujeres separadas presentan más del doble de posibilidades de vivir en hogares pobres que los hombres de la misma condición civil.[12]

Urgen más apoyos para el cuidado de los niños y ancianos, modalidades de trabajo más flexibles, esquemas de financiamiento sólidos y medidas de carácter fiscal que han demostrado impactar favorablemente las condiciones laborales de las mujeres.

[11] Son aquellos formados por un solo padre o cabeza de familia.
[12] Vivian Milosavljevic, *Objetivos del milenio. La dimensión de género en el objetivo de reducción de pobreza*, Unidad Mujer y Desarrollo, CEPAL, disponible en: <http://www.cepal.org/mujer/noticias/noticias/4/24634/milosavljevic.pdf>.

Mujer y violencia

Hombre: si ése es tu querer, ahí te entrego a esa mujer,
trátala como mula de alquiler: mucho garrote y poco de comer.
FÓRMULA SACRAMENTAL INDÍGENA
PARA EL DÍA DE LA BODA

Si en la tierra hubiera 100 personas, 15 adultos serían analfabetos
y de ellos 10 serían mujeres.
PNUD

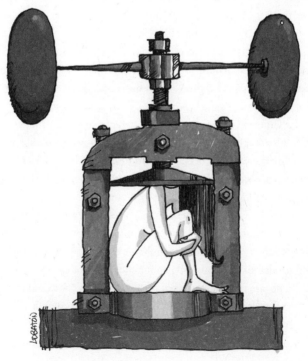

La violencia más grave es la que se infringe la mujer a sí misma cuando no se ama lo suficiente. Éste es el primer paso para que el entorno y quienes la rodean ejerzan toda clase de maltratos.

El maltrato no sólo se refiere a la violencia o agresión física del hombre hacia la mujer, sino también a la agresión psicológica que constituye una especie de tortura mental. Ambas formas de transgresión, física y psicológica, aún se observan en la actualidad, y la violencia sexual se incluye con frecuencia en éstas.

Hacia el siglo xiv, el derecho consuetudinario del Valle de Beauvais rezaba: "Está bien que el hombre pegue a su mujer sin maltratarla y herirla cuando desobedece al marido". O el de Burdeos: "Un marido que en un acceso de cólera mate a su mujer no sufrirá pena siempre y cuando se confiese arrepentido mediante un juramento solemne". O el del Valle de Barreges: "Todo señor y jefe de familia puede castigar a la mujer sin que nadie pueda interponerse".

La violencia contra la mujer no tiene fronteras y es más grave de lo que sospechamos. Los apaleamientos y asesinatos de mujeres constituyen, en una declaración de las Naciones Unidas, "El crimen encubierto más numeroso del mundo". Tanto las leyes que "regulan" el castigo de la esposa por el marido en los países islámicos como los códigos penales de países avanzados apenas castigan el maltrato hacia las mujeres y niños siempre y cuando éstos estén ligados por relaciones familiares con el agresor. La impunidad resulta ser una constante en muchos de estos casos.

La pornografía y prostitución alcanzaron un enorme auge en la última década en prácticamente todos los países del mundo. En Italia, en 1980, se estimaba a la prostitución como el segundo negocio más grande del país después de la compañía Fiat. El turismo sexual en los países asiáticos florece y las niñas venden su virginidad por unos cuantos dólares con el propósito de ayudar a los ingresos de sus familias.

El número de niños y niñas que cada año son víctimas de la trata de menores se eleva a 1.2 millones. Existe una demanda considerable de estos niños y niñas, ya que son empleados como mano de obra barata o en la explotación sexual. Con frecuencia, ni los niños y niñas ni sus familias son conscientes de la amenaza que representa la trata de menores de edad, creyendo que lo que les aguarda en otros países es un trabajo y una vida mejor. La trata de menores de edad es una actividad lucrativa y que está vinculada a redes de delincuencia y corrupción.

[...] Unicef estima que cada año entre 1 000 y 1 500 bebés y niños y niñas guatemaltecos son objeto de trata de menores para su adopción por parte de parejas norteamericanas y europeas.

La trata de personas afecta a niñas de tan sólo 13 años —procedentes principalmente de Asia y Europa Oriental—, que son enviadas a otros países como "novias a la carta". En la mayoría de los casos, son niñas y mujeres que están solas e indefensas, por lo que corren un grave riesgo de ser víctimas de violencia.

[...] Ciertos mitos, tales como la creencia de que el VIH/sida puede curarse manteniendo relaciones con una virgen, los avances tecnológicos como Internet, que facilitan el acceso a la pornografía infantil y el turismo sexual con niños y niñas, son todos factores que contribuyen a hacerles más vulnerables.

[...] La agencia de servicios sociales de México informa de que existen más de 16 000 niños y niñas que ejercen la prostitución; los destinos turísticos son las zonas donde más abundan.[1]

---

[1] Sección de Protección Infantil, División de Programas, Unicef, "Protección infantil contra el abuso y la violencia. La trata de niños y niñas", en *Unicef*, s.f., disponible en: <http://www.unicef.org/spanish/protection/index_exploitation.html>.

Las indias son asesinadas por el marido para hacerse de una esposa y una dote más; las viudas siguen siendo quemadas en la pira del marido. Esta transacción continúa muy extendida, crece en intensidad comercial y ha adquirido proporciones de tal violencia que fue necesaria la intervención del Primer Ministro y una legislación más severa.

Los matrimonios de niños aún persisten aunque en muchos países hayan sido prohibidos por la ley. En 1971, en Nepal, más del 30% de las mujeres entre 10 y 14 años estaban casadas (y 2.33% de las niñas entre seis y nueve años).[2]

En Japón, el índice de suicidio de mujeres ancianas es el más alto en todos los países porque la sociedad aísla a las viudas y las considera inútiles. En el Punyab rural todavía se mantiene la costumbre de dar a la mujer en matrimonio al marido de la hermana mayor ya fallecida. En zonas de China, México e Italia aún permanece la tradición de raptar a la novia.

Se supone que la violencia intraconyugal es más frecuente en los países tercermundistas y subdesarrollados. En muchos países de África y parte de Asia persiste la infibulación,[3] lo que demuestra que en el mundo aún existen formas verdaderamente salvajes de agresión contra la mujer.

Historias de vida y testimonios como los de Malala[4] son inspiradores y sin duda crean esperanza y nos convocan a sumarnos desde

[2] Robin Morgan (coord.), *Mujeres del mundo. Atlas de la situación femenina: 80 países vistos por sus mujeres*, México, Hacer, 1994.

[3] Acto de colocar un anillo u otro obstáculo en las partes genitales para impedir el coito.

[4] En octubre del 2013, Malala Yousafzai recibió un disparo en la cabeza cuando regresaba en autobús de la escuela a su casa en la ciudad de Mingora, en el noroeste de Pakistán. El motivo del ataque perpetrado por el talibán era claro: esta joven de 16 años se había atrevido a levantar su voz para defender el derecho a la educación de las niñas. A un año de distancia esta joven estudiante y activista de 17 años es la Nobel de la Paz (2014) más joven de la historia, siendo distinguida también el pasado 28 de octubre con el Premio de los Niños del

cualquier rincón de la Tierra, hasta hacer posible un mundo equitativo y de libertades. Comparto un fragmento del discurso que Malala pronunció en las Naciones Unidas el pasado 12 de julio del año 2013.

Queridos amigos, el 9 de octubre de 2012 los talibanes me dispararon en el lado izquierdo de mi frente. También dispararon a mis amigos. Pensaron que las balas nos callarían, pero se equivocaban, y del silencio aparecieron miles de voces. Los terroristas pensaron que cambiaría mis objetivos y abandonaría mis ambiciones, pero nada cambió en mi vida, excepto esto: la debilidad, el miedo y la desesperanza murieron, y nacieron la fuerza, la energía y el coraje. Soy la misma Malala. Mis ambiciones son las mismas. Mis esperanzas son las mismas. Y mis sueños, también son los mismos.

[...] Queridas hermanas y hermanos, somos conscientes de la importancia de la luz cuando vemos oscuridad. [...] El sabio refrán: "Una pluma es más poderosa que una espada", es cierto. Los extremistas tienen miedo de los libros y de los bolígrafos. El poder de la educación les asusta. Temen a las mujeres. El poder de la voz de las mujeres les asusta.

[...] Hacemos un llamamiento a los líderes mundiales para que todos estos acuerdos protejan los derechos de las mujeres y los niños. Cualquier pacto que actúe en contra de los derechos de las mujeres es inaceptable.

Así que libremos una lucha global contra el analfabetismo, la pobreza y el terrorismo y recojamos los libros y lápices. Son nuestras armas más poderosas.

Un niño, un maestro, un bolígrafo y un libro pueden cambiar el mundo.

La educación es la única solución. La educación primero.[5]

Mundo, concebido por menores de 110 países. Sólo Nelson Mandela obtuvo antes los dos premios, él con once años de diferencia.

[5] Malala Yousafzai, "Pensaron que con sus balas nos callarían, pero se equivocaban", en *El Diario*, 15 de julio de 2013, disponible en: <http://www.eldiario.es/desalambre/Pensaron-balas-callarian-equivocaban_0_153634923.html>.

En México, 47% de las mujeres de 15 años y más han sufrido algún incidente de violencia por parte de su pareja durante su última relación. La entidad federativa con mayor prevalencia de violencia a la pareja a lo largo de su relación es el Estado de México.

La violencia emocional afecta a 4 de cada 10 mujeres, en tanto que la violencia económica lastima a 2 de cada 10, esta clase de violencia en donde prohíben trabajar o estudiar a las mujeres e incluso les arrebatan sus bienes y propiedades.

La violencia física, la de los golpes, patadas, la de agresión con armas afecta a 14 de cada 100 mujeres mexicanas. En tanto que las víctimas de la violencia sexual son 7 de cada 100 mujeres.

Si estas cifras que tienen rostro, historia y dolor son por demás preocupantes, resulta alarmante saber que de estas mujeres casadas o unidas, víctimas de esta violencia en cualquiera de sus expresiones, casi 75% no denuncian porque creen que "Se trató de algo sin importancia, o que de todas maneras la pareja ya no va a cambiar".

¡Y otras 10 de cada 100 no denuncian porque él le dijo que cambiaría o porque piensa que su pareja tiene derecho a reprenderla!

La violencia no sólo sucede en las cuatro paredes de una casa que, lejos de ser un hogar o el territorio más seguro para las mujeres y sus hijos, se ha convertido en un infierno y amenaza cotidianos. La violencia contra las mujeres se ejerce en muchos otros ámbitos, incluso en el mundo laboral.

A 15 mujeres de cada 100 les han pedido su certificado de ingravidez como requisito para su ingreso al trabajo, por embarazarse las han despedido, no les renovaron el contrato o les bajaron el salario, aun cuando la ley lo prohíbe. En esta expresión de la violencia, el estado con el mayor número de mujeres afectadas es Chihuahua.[6]

A escala mundial, hasta 1994 en la pirámide demográfica había un hueco de más de 100 millones de mujeres, sobre todo chinas, indias y pakistaníes. La eliminación de las recién nacidas y la altísima mortalidad infantil (provocada) en los cinco primeros años de vida explicaban ese faltante, que supera por mucho a todos los muertos de la Segunda Guerra Mundial.

Son varios los países sajones en los que la mujer que contrae matrimonio pierde su apellido y su nombre. En muchos núcleos sociales latinos se conserva la costumbre de que, al casarse, la mujer pierde su propio apellido y después de su nombre se agrega *de* y el apellido del esposo.

Si en una familia sólo hay hijas, el apellido del padre se va perdiendo, lo cual, en muchos núcleos, se ve como una desgracia. De ahí viene el inmenso deseo de que haya hijos varones, en especial, el primogénito.

---

[6] Instituto Nacional de Estadística y Geografía (México), *Panorama de violencia contra las mujeres en México: ENAIREH 2011, Instituto Nacional de Estadística y Geografía*, México, Inegi, 2013, disponible en: <http://www.inegi.org.mx/prod_serv/contenidos/espanol/bvinegi/productos/estudios/sociodemografico/mujeresrural/2011/702825048327.pdf>.

La violencia conyugal contra la mujer se encuentra especialmente en la relación de poder. Es decir, un hombre que violenta a su compañera para demostrar mayor poder, tomando como excusa que ella no cumple con las misiones que le han sido encomendadas, como las labores domésticas, en especial la cocina, el cuidado de los hijos y la disponibilidad sexual. La ira contra las esposas por la mayor libertad que éstas tienen ahora es una forma más de este tipo de violencia.

Uno de los problemas más comunes, aunque poco estudiados en la relación de pareja que se maltrata física y psicológicamente, es el caso de los hombres que odian a las mujeres y las mujeres que siguen amándolos. Al hombre se le denomina misógino, palabra que proviene del griego *miso*, que significa "odiar", y de *gyne*, que significa "mujer".

El misógino violenta a su compañera porque lo hace sentir amenazado. De la misma forma, la mujer tiene un poco de masoquista puesto que del sometimiento a su compañero no obtiene ningún placer sexual o emocional. En cambio, la situación la lesiona gravemente.

El misógino no siente remordimiento alguno por sus acciones y ella encontrará, cada vez con más frecuencia, explicaciones a su inadecuado comportamiento.

Con una sola vez que ella acepte que agredan su autoestima, quedará enganchada en una relación dependiente o adictiva, de la cual será muy difícil salirse pues se ha logrado culpabilizarla y hacerla dudar de su propio sentir. Una mujer comentaba: "En la medida en que me trataba de egoísta y desconsiderada, más me esforzaba por demostrarle que eso no era cierto. Como si su descalificación produjera en mí una profunda dependencia en la que sólo su interpretación era valiosa y lo que yo pensara o dijera no contaba para nada. Cuando nos casamos yo era una persona alegre y enérgica, 10 años después me sentía insegura y triste, sin poder enfrentar de forma directa los sentimientos que me producía la relación".

Lo grave es que la mujer no cuestione ni enfrente la conducta que la lástima.[7]

Él siempre debe ganar, y ella perder. Este desequilibrio de poderes es el tema principal de la relación. Las relaciones sexuales sólo se darán cuando él quiera y de acuerdo con sus necesidades. Si la pareja tuvo una discusión, él puede castigarla durante largos periodos de tiempo sin afecto ni sexo.

Muchos episodios de violencia intraconyugal se asocian a la defensa que la mujer hace de sus hijos, sobre todo cuando ella siente que el padre abusa de su poder y los castiga o reprime injustamente.

Los hombres que golpean a sus mujeres tienen un mal concepto de sí mismos y, por tanto, reaccionan con hostilidad cuando su masculinidad y autoridad se ponen en duda. A su vez, las mujeres que son objeto del maltrato físico presentan una baja autoestima y tienen dificultad para hacer valer sus derechos.

El temor es el común denominador de las mujeres que se dejan golpear. En las circunstancias en que se han visto sujetas a repetidos abusos, el miedo las paraliza y rige sus actos, sus decisiones y su vida. No tratan de cambiar la situación mediante la denuncia o búsqueda de apoyo: piensan que no volverá a suceder.

Los abusadores siempre buscan una justificación para atropellar a las mujeres que dicen amar: "Estaba borracho y no pude controlarme", "He tenido mucha presión de trabajo últimamente", "Si cambiaras, yo no te pegaría". Al unir todas esas excusas aceptadas por la sociedad, con la naturaleza "intermitente" de la violencia, las mujeres pueden pensar: "Si yo cambiara, quizás él no me pegaría" o "Quizá cuando termine este proyecto será menos violento".

En ciertas regiones campesinas de México, cuando la mujer da a luz a una hija es severamente golpeada por no haber sido capaz de tener un hijo varón, sin importar que el hombre es quien determina el sexo del ser que se concibe en el vientre materno.

[7] Nelly Rojas, *La pareja. Cómo vivir juntos*, Bogotá, Planeta, 1995, p. 188.

La violencia no es exclusiva del subdesarrollo. En los Estados Unidos, la violencia conyugal desde hace décadas constituye la principal causa de heridas en las mujeres. Se estima que cada año 1 500 mujeres de ese país son asesinadas por el marido o compañero actual o pasado.

En la cultura europea, la violencia familiar afecta a cuatro millones de mujeres cada año, y 87% de la violencia es intrafamiliar.

Las sanciones de la sociedad son doblemente enérgicas con la mujer. Es increíble que en casos de violación se le siga acusando de ser "provocadora" y, por tanto, culpable de la vejación: "Tú te lo buscaste". Sin mencionar que en muchos países, en términos jurídicos, hay una desprotección a las víctimas del delito, así como una falta de reconocimiento a la dignidad de la afectada.

Muchas veces refinada, cínica o irónica, la violencia psicológica representa una mortificación constante para la mujer, a quien se le formulan reiterativos mensajes negativos en forma de alusiones y frases estereotipadas que hieren su situación de mujer, esposa y compañera sexual.

Este tipo de violencia es frecuente y consiste en descalificar permanentemente a la mujer, por el simple hecho de serlo. Esta clase de torturas no respeta edad ni condición económica. Frases como: "Eres una inútil", "No sirves para nada", "Nunca puedes hacer las cosas bien", "Eres una cualquiera porque sólo ellas viajan solas", "Tenías que ser tú", "Eres la culpable de los errores de nuestros hijos", "Desde que te fuiste a trabajar, todo está mal", "Ya no te quiero por gorda".

Entonces, la mujer, acostumbrada a ceder, termina por aceptar los ataques físicos y verbales de su compañero, las expresiones de desprecio y los reproches exagerados. Cuando hay castigo físico, el hombre suele utilizar los puños; si el castigo es psicológico, emplea las palabras. Las agresiones verbales pueden amedrentar a una persona tanto como la violencia física. Muchos no recurren a la intimidación o a los gritos, sino a la descalificación permanente de la mujer. Se trata, dice Susan Forward "de un tipo de abuso psicológico especialmente insidioso, porque con frecuencia adopta el disfraz de un intento de enseñar a mejorar a la mujer".[8]

Los caminos para lastimar son incontables y, conforme la mujer se integra al trabajo fuera de casa, han surgido diversos fenómenos. O la pareja se convierte en su socio más importante, que es lo menos frecuente, o adopta una posición de comodidad y confort esperando a que su mujer resuelva todos los aspectos de la vida familiar y prácticamente lo mantenga junto con el resto de la familia; o se convierte en un juez implacable que revela sentimientos de inseguridad y miedo, y tortura de mil maneras a su pareja; o bien, termina buscando nuevos caminos y la relación de pareja se destruye. Los chinos dicen que las mujeres sostienen la mitad del cielo. Pues en la actualidad, hay mujeres que sostienen el cielo entero y hasta uno que otro marido.

Hay muchos otros casos donde la vida se enfrenta sin una pareja y cada día aumentan más los casos de madres solteras y mujeres sobre las cuales las presiones se multiplican y la sociedad ejerce todavía castigo y reprobación.

Una manera de lastimar la dignidad de la mujer es cuando ella se considera a sí misma un objeto o es tratada como tal.

El notable historiador francés Georges Duby asienta:

Para ellos (los hombres), la mujer es ante todo un objeto. Los hombres le dan, la cogen, la tiran. Forma parte de sus haberes, de sus bienes muebles. O, para afirmar su propia gloria, la exponen a su lado, pomposamente ataviada como una de las piezas más hermosas de su tesoro, o la ocultan en el rincón más profundo de su morada y, si tienen que sacarla de ahí, la disimulan bajo las cortinas de la litera, bajo el velo, bajo el manto, porque importa ocultarla a la vista de los demás

---

[8] Susan Forward, *Cuando el amor es odio. Hombres que odian a las mujeres y mujeres que siguen amándolos*, México, Grijalbo, 1989, p. 36.

hombres que bien podrían intentar apoderarse de ella. De este modo existe un espacio cerrado reservado a las mujeres, estrechamente controlado por el poder masculino.[9]

A lo anterior se suma el hecho de que la educación formal suele ser inferior para la mujer, en intensidad y duración, en relación con la de los hombres. Esto ocurre con mucha frecuencia tanto en zonas rurales como urbanas.

La mujer puede estudiar o trabajar pero no se le permite dejar a un lado las tareas que la sociedad y las costumbres le exigen. La madre que trabaja ocho o más horas al día debe dedicar otras horas al cuidado del hogar, la cocina, la ropa y los niños. A menudo, a esto se agrega la dependencia que el hombre tiene, respecto a su compañera, en cierta forma filial, pero con una respuesta que hace mutua esta dependencia, pues la mujer fue educada como sometida, limitada y necesitada de un complemento que ella busca en el hombre, quien responde con dependencia. Esta manera de interrelacionarse hace que se limiten mutuamente y pueden volverse una especie de simbiosis, palabra que, en la naturaleza designa a aquellos seres que no pueden vivir el uno sin el otro por fenómenos de intercambio fisiológico. Puede suceder con las plantas o los animales.

Todo apunta a que el primer paso contra la violencia familiar radica en la capacidad que tengamos de amarnos y respetarnos a nosotras mismas, porque aquella frase "Malo, malo con Juan; peor, peor sin Juan" más de una mujer la ha convertido en su vida y, cuando así sucede, las posibilidades de superar esta problemática se reducen dramáticamente.

[9] Georges Duby, *Año 1000, año 2000. La huella de nuestros miedos*, Chile, Andrés Bello, 1991, p. 58.

Familia a contracorriente

La familia no es una ideología porque no es una teoría
ni una idea ni una forma de vida sociológica, no es un
medio para alcanzar el fin de la sociedad estable o de una
patria sana. No es comer juntos en cena cocinada a solas
y no es dormir juntos en mutua seguridad…
o quizá es todo esto y mucho más. La familia es una
realización cotidiana que se lleva a cabo en todos los
aspectos del ser humano, que sirve a todos los aspectos
del ser humano.

JEANNE HERSCH

Por todos lados escuchamos hablar de crisis y, ciertamente, la estamos enfrentando y padeciendo en casi todos los órdenes de nuestra vida. Hablar de economía, política, seguridad y democracia es sinónimo de caos e incertidumbre, de transformaciones profundas y de muchas preguntas sin respuesta. Pero, sin duda, la más preocupante de todas ellas es la crisis de valores que hoy vivimos.[1] El valor de la palabra en muchas comunidades es historia y pasaje en las narraciones de nuestros abuelos. La honestidad se ha convertido en un bien escaso, al igual que la generosidad, el servicio, la prudencia, la solidaridad y la verdad, por mencionar sólo algunos.

Se pueden encontrar algunas de las explicaciones en la sociedad permisiva en que vivimos, de ahí que algunos califiquen este movimiento como una sociedad *light*, en la que los compromisos pueden romperse con facilidad y en la que nadie parece hacerse cargo de las consecuencias de sus actos, o estos no son un factor decisivo para actuar de tal o cual manera.

El lenguaje revela a la sociedad actual pues los calificativos que hoy se emplean son menos rudos. Por ejemplo, ya no se dice se

---

[1] "Un valor significa, literalmente, algo que tiene un precio, que es precioso, que vale la pena y por lo que el hombre está dispuesto a sufrir y sacrificarse, ya que le da razón para vivir y, si es necesario, aun para morir. De ahí que los valores otorguen a la existencia humana la dimensión del sentido. Los valores proporcionan motivos. Identifican a la persona, le dan rostro, nombre y carácter propios. Los valores son algo fundamental para la vida personal puesto que definen la calidad de la existencia, su anchura y profundidad. Los valores no son cosas, ni elementos de cosas, sino propiedades. La mente y el corazón están comprometidos y se da, por tanto, el compromiso de toda persona", según Jorge Ballina, en su libro *Educar en los valores: una reflexión en torno a la formación de arquitectos*, México, UIA, 1991, pp. 8-9.

robó sino "se compensó". En lugar de afirmar que hubo difamación se comenta que fue una crítica constructiva, a lo pornográfico se le llama "artístico", a los actos de corrupción se les califica como "desviaciones" y, según me comenta un empresario, a las amantes se les dice "detallito", para que se oiga más elegante y discreto. Algunas mujeres califican a sus "amiguitos" como pendiente, de ahí que pregunten con insistencia al marido: "¿Vienes a dormir esta noche? Para no quedarme con el pendiente".

La crisis de la persona encabeza la lista de los retos a enfrentar. Como ahora, nunca habíamos tenido tanta información, tecnología y posibilidades de acercarnos. Sin embargo, tampoco se había enfrentado el mundo a tanta soledad y carencias de afecto.

La violencia y los altos niveles de impunidad con los que convivimos a diario sólo son la punta de un iceberg donde se desprecia el valor por la vida y la dignidad del otro. Los sucesos cotidianos asustan y se escuchan expresiones como: "¡Los jóvenes de hoy están terribles!", "¡El mundo se está volviendo loco!", "¡Ya no hay moral!" Pero los jóvenes de hoy tienen familias y padres de hoy, y es ahí donde finalmente habrá que buscar las causas de lo que hoy vivimos y de lo que en el futuro queremos construir como sociedad.

En nuestras sociedades estamos sedientos de verdad: de integridad en la vida, de vivir como se habla, de veracidad, que es decir lo que se piensa y de credibilidad, que es cumplir lo que se promete. Por ello, una mujer dependiente y miedosa poco ayuda a la construcción de una familia exitosa. La economía del amor está en crisis, hoy padecemos de mezquindad de afecto y al hambre física se suma el hambre de amor. "Tú me debes cuidar hoy, porque la semana pasada yo te cuidé a ti." "Yo me acuesto contigo, si tú te casas conmigo."

El escritor estadounidense Robert Fulghum nos comparte una bellísima reflexión:

Todo lo que necesito saber para vivir, cómo hacer y cómo ser, lo aprendí en el jardín de niños. La sabiduría no se encuentra al final de la maestría universitaria, sino en la pila de arena de la escuela. Esto es lo que aprendí:

Comparte todo, juega limpio.

No golpees a las personas.

Pon las cosas donde las encontraste.

Limpia tu tiradero.

No tomes lo que no te pertenece.

Pide perdón cuando hieras a alguien.

Lávate las manos antes de comer.

Pan caliente y leche fría son buenos para ti.

Vive una vida equilibrada.

Aprende algo.

Piensa algo.

Y dibuja.

Y pinta.

Y canta.

Y baila.

Y juega.

Y trabaja cada día un poco.

Duerme una siesta por las tardes.

Cuando salgas al mundo, pon atención, tómate de las manos y permanece unido.

¡Maravíllate!

Toma cualquiera de estos puntos y aplícalos al sofisticado mundo de los adultos y a tu vida familiar, a tu trabajo, al gobierno y al mundo, y verás que sostiene la verdad clara y firme.¡Piensa qué clase de mundo tendríamos si todas las personas se comportaran así![2]

[2] Robert Fulghum, *Todo lo que realmente necesito saber lo aprendí en el jardín de infantes*, Nueva York, Ballantine Books, 1993, pp. 4-6.

De forma irrepetible, en la familia la persona tiene la seguridad de ser aceptada y amada por lo que es. Habrá familias concretas felices, unidas, satisfechas, en desarrollo y habrá otras en crisis, disgustadas e insatisfechas. No por ello podemos decir que la familia está en crisis. Hay muchas que lo están porque los miembros no han descubierto las posibilidades de la institución familiar y tampoco quieren pensar en la finalidad de sus vidas. Pero también hay muchas familias unidas y alegres.[3]

La oficina de casos de los Estados Unidos informó que en 1990, cerca de tres millones de niños vivían con sus abuelos, ¡lo cual representaba un incremento de 40% con relación a lo que sucedió en la década anterior! Esta misma situación se plantea cada vez más en hogares de América Latina.

Los diferentes papeles que hoy desarrolla la mujer demandan una nueva conformación de la familia tradicional, con parejas colaboradoras en las cuales se trabaje en equipo y las cargas y responsabilidades sean compartidas. En gran medida esto dependerá también de las mujeres, que nos quejamos amargamente de los machos y los seguimos recreando en casa, como aquella suegra que dice estar encantada con su yerno porque ayuda a su hija, cuida a los bebés, los lleva a pasear, colabora en la cocina cuando está en casa, pero eso sí, detesta a su nuera porque pone a su hijito adorado a colaborar con ella en las tareas del hogar.

De la misma manera que hoy en día ya no es monopolio del hombre ganar el sustento, no debe ser la mujer la única que lleve el peso de la responsabilidad en el hogar. Me refiero aquí a algo más que una ayuda ocasional en la cocina. Se trata de un acto interior de solidaridad por parte del esposo con la mujer.[4]

[3] David Isaacs, *La educación de las virtudes humanas*, México, Minos, 1995, pp. 30-35.

[4] Jutta Burggraf, "Hombre y mujer: sin esquemas rígidos", *Istmo*, Miscélanea, núm. 224, México, p. 49.

En nuestros países la familia ha sido un valor de primer orden y habrá que hacer todo lo que esté a nuestro alcance para ser capaces de formar familias exitosas en las cuales se viva la experiencia del amor.

Familias más fuertes seguirán siendo la base de sociedades más sanas y felices. En un entorno donde muchas mujeres están solas para sostener y construir un hogar, deberán redoblarse los esfuerzos tanto en el orden familiar como en el social y legal.

Colocarnos en posiciones extremas que acusan a la mujer que trabaja de las desgracias familiares no sólo es injusto, sino irreal; ubicarnos en el extremo de ver a los hijos como un estorbo para los logros personales nos llevaría a una situación de egoísmo extremo. Bajo las condiciones actuales debemos replantearnos nuestro papel en la familia y trabajar todos para que siga siendo el eje de la sociedad y el espacio en donde aprendamos a amarnos y compartir con otros. Se trata de reflexionar de nuevo, todos juntos, en cómo se podría vivir sensatamente la diversidad, aceptando que existen muchos puntos en común.

Cuando Emma Godoy afirmaba que "las manos que mecen las cunas, son las manos que mueven al mundo", la razón le asistía, pues la madre de familia es la que hace del hogar un centro de amor y es en éste donde la madre se encuentra. En los últimos años no sólo se ha descalificado a la mujer que labora fuera del hogar, también se ha satanizado a aquéllas cuya vocación es permanecer en su hogar y dedicar mayor tiempo a su familia. Cuando en ocasiones diversas mujeres me han cuestionado sobre si lo mejor es quedarse en casa o comprometerse también con un trabajo fuera, siempre contesto que para mí lo mejor es actuar conforme a nuestra vocación porque, al final, cada elección tiene sus propios costos y debemos estar preparadas para asumirlos. Una mujer que elige permanecer en casa es tan digna y admirable como la que también se desarrolla en otros ámbitos. El reto, desde mi punto de vista, es cobrar conciencia de nuestras decisiones, porque lo único que no se vale es andar arrastrando la vida.

Una elección consciente y libre implica no sólo compromiso, sino vivir con alegría nuestra opción. Revalorar cada uno de nuestros papeles es fundamental para lograr la armonía y hacer posible que las diferencias entre nosotras nos permitan estar en todas partes y lograr la felicidad conforme a las aspiraciones de cada una. El valor de la mujer en la familia es supremo. El siguiente testimonio da cuenta de ello:

En cierta oportunidad recogí a un niño y lo llevé a nuestro hogar infantil, lo bañé, le di ropas limpias y alimentos, pero al cabo de un día, el niño se escapó. Alguien lo encontró y lo trajo nuevamente a nuestras hermanas: "Por favor, si huye de nuevo, síguelo, no lo pierdas de vista hasta saber a dónde va cuando se escapa". Y el niño escapó otra vez. Bajo un árbol estaba la madre. Había colocado dos piedras debajo de una cazuela de barro y estaba cocinando algo que había recogido de la basura. La hermana preguntó al niño: "¿Por qué te escapaste del hogar?" Y el niño respondió: "¡Pero si mi hogar está aquí, porque aquí está mi madre!" Sí, allí estaba su madre y allí estaba su hogar.[5]

No hay soluciones hechas para la organización individual de la vida familiar cotidiana ni es apropiado juzgar desde fuera sobre una situación concreta. No se puede exigir lo mismo a todas las personas.

Debemos reflexionar sobre aquellos comportamientos y enseñanzas que nos han lastimado en nuestras vidas para no reproducirlos porque, como señala un filósofo: "O lo repetimos para no recordarlo, o lo recordamos para no repetirlo".

Consciente o inconscientemente, enseñamos a nuestros hijos los mismos patrones que nos lastiman. A buscar los elogios por fuera para sentirse valiosos, a que las niñas y los niños deben comportarse de tal o cual forma y hay tareas que les son prohibidas, como jugar con un coche o entrar a la cocina a prepararse un guisado.

Urge cobrar conciencia de que todo lo que hagas por otro, éste lo dejará de hacer por sí mismo y, en múltiples casos, educa bajo premisas equivocadas a los hijos: la sobreprotección y el miedo. Terminamos con hijos dependientes e inseguros, incapaces de construir alas fuertes y raíces profundas.

Hay actos que se hacen por amor pero muchos otros propician la invalidez mental y afectiva de los demás. Pasar el salero cuando el otro lo tiene enfrente y resolver todo lo de los demás aún en los detalles más insignificantes en nada colaboran al éxito de quienes amamos. Muchas mamás se han convertido en choferes de sus hijos aunque éstos superan los 30 años de edad, y es curioso observar los diálogos en las puertas de los colegios: "Hoy no puedo salir porque mañana tengo examen de matemáticas", refiriéndose a su hijo de primer año de primaria. Al día siguiente llegan preguntando

[5] Dorothy S. Hunt (selección de textos), *Amor, un fruto maduro. Breves reflexiones de la Madre Teresa para cada día*, Canadá, Atlántida, 1997, p. 38.

al resto de las mamás: "¿Cómo te fue? ¿Cuánto te sacaste?" Es como aquella mamá que dice:

—M'ijito, ya levántate porque debes ir a la escuela.

—No mamá, no quiero ir.

—Debes ir por tres razones: la primera, porque es tu obligación; la segunda, porque ya tienes 40 años, y la tercera, porque eres el director.

El rector de un prestigiado tecnológico en México asegura que los padres que no exponen a sus hijos al sufrimiento los traicionan, entendiendo lo siguiente por este concepto: "Dejarlos esforzarse por ser, hacer y tener, pues *a quien todo se le da, todo se le quita*".

En un proteccionismo equivocado vamos formando peleles y timoratos, seres débiles para afrontar y vivir la vida. Bajo la premisa de que "se trauman", en muchos hogares los niños se convierten en amos absolutos y, con escasos cuatro o cinco años, gobiernan la familia y vida de sus padres que, por lo menos, les quintuplican la edad. He encontrado a muchos abuelitos que dan fe de esta situación y expresan al respecto: "Me da mucho gusto cuando mis nietos vienen, pero me da más gusto cuando se van". Y así, los monstruitos rompen, toman, brincan, van y vienen, haciendo girar a su alrededor el mundo entero.

Conforme crecen se sienten merecedores de todo... y todo es poco. No es casual encontrar empresas familiares que fracasan por quedar en manos de juniors inconscientes e incapaces de vivir el afán de logro y sacrificio.

Podéis darles vuestro amor, pero no vuestros pensamientos;
porque ellos tienen sus propios pensamientos.
Podéis alojar sus cuerpos, pero no sus almas,
porque sus almas habitan la casa del mañana,
que vosotros no podéis visitar, ni siquiera en sueños.

Podéis tratar de haceros iguales a ellos
pero no pretendáis hacerlos a ellos iguales a vosotros.
Porque la vida no marcha hacia atrás ni se queda en el ayer.
Sois los arcos desde los cuales vuestros
hijos, como saetas vivas, se disparan adelante.

KHALIL GIBRAN[6]

Dar el ejemplo está siendo uno de los grandes ausentes en la vida familiar. No podemos decir a nuestro hijo que copiar en los exámenes es incorrecto cuando yo me comporto de modo corrupto y deshonesto. Tenemos que ser dueños de nuestros instintos, so pena de que ellos se adueñen de nosotros. Ésta es una de las distinciones primordiales entre el animal y el ser humano: éste último es capaz de dominar sus pasiones.

Servir a otros por amor genuino es válido y, por demás, necesario, pero en muchos casos cuando la señora debe tener el traje listo, los zapatos boleados e incluso tallarle la espalda y rociarle con talco los pies a su pareja porque es su obligación, se provocan relaciones casi de esclavitud. Me imagino que cuando lean estos párrafos pensarán que es una exageración, pero desafortunadamente no es así. Todavía conozco mujeres que tiemblan cuando llega el marido y la comida aún no está terminada, y he visto a madres cansadas por todo un día de labor ser levantadas por sus hijos —mayores de 25 o 30 años— para que les sirvan de comer porque es su obligación y de nadie más.

Tratando de dar todo lo que no tuvimos, dejamos de dar mucho de lo que sí tuvimos: trabajo, esfuerzo, sacrificio y hambre de triunfo. Son frecuentes los casos de niños aburridos y cansados de vivir cuando apenas tienen 10 o 12 años de edad. Ni los sofisti-

---

[6] Linda y Richard Eyre, *Cómo enseñarles alegría a los niños*, Bogotá, Norma, 1987, p. 125.

cados juguetes, la tecnología o las variadas actividades que realizan son suficientes para evitarles el hastío.

Una sociedad cuya máxima filosófica es eliminar toda incomodidad en el orden material y toda inhibición en el orden del comportamiento no puede engendrar personalidades con un carácter fuerte, sino todo lo contrario. Los hijos de esta sociedad del bienestar tenemos el alma muy débil y frágil, porque no estamos acostumbrados a soportar carencias ni tampoco a vencernos. [...] No puede esperarse mucha altura moral de quienes se rigen por la ley del mínimo esfuerzo, pero esa ley nos la ha inculcado, en principios y práctica, la sociedad del bienestar en la que estamos instalados.[7]

Por ejemplo, antes de aprender el incalculable valor de la vida de cada ser humano, los pequeños se empapan diariamente desde la comodidad de sus hogares, del placer de matar, del éxtasis de vaciar una ametralladora, la contundencia de un golpe mortal en la garganta, la refinada emoción de un asesinato perfecto.

Uno de los mayores conflictos que enfrentamos es que divorciamos el mundo familiar del mundo del trabajo y el reconocimiento. Así, mientras en la familia me comporto de un modo amable y solidario, saliendo de la casa el propósito es acabar con los otros al precio y los medios que sean.

Francesco Alberoni señala que "Nuestros yoes están separados. Esta moral de papeles, esta moralidad fragmentada, esta separación entre los ámbitos de lo privado y lo público, entre la familia y la ideología, este *yo dividido*, es lo que ha permitido todos los horrores del siglo xx y, quizá, todos los horrores de la historia".

Hay otros que funcionan a la inversa, fuera de la casa todo es miel sobre hojuelas y para los más cercanos reservan su maltrato y desamor.

[7] Isaac Riera, "La voluntad debilitada", *Itsmo*, Coloquio, núm. 224, México, 1998, p. 34.

Un acto de amor es "no poner almohadas", es decir, permitir que cada quien enfrente su realidad y viva las consecuencias de sus elecciones. En un taller de adicciones para jóvenes en la ciudad de México escuché el testimonio de una jovencita menor de 20 años y de un muchacho que no rebasaba el cuarto de siglo. Ambas historias fueron *acongojantes* pero nunca olvidaré la del joven, porque explicaba que vivía en una familia maravillosa, de padres unidos y hermanas amorosas. Sin embargo, él cayó en las drogas desde los 12 años de edad y tardó muchos años en tocar fondo pues su madre le ponía almohadas en la caída, es decir, lo protegía y le ayudaba a esconder el vicio para evitar las sanciones del padre y la familia cercana. Corría al hospital con él si era necesario, hasta que un día lo expulsó de casa. Entonces, con toda crudeza, vivió las consecuencias de sus actos y, cuando ya no podía más con el dolor, la soledad y el sufrimiento, empezó el camino de su recuperación.

Si una persona amada llega borracha a casa y se queda dormida sobre el césped de la entrada, lo más amoroso y bondadoso que puede hacerse por esa persona es dejarla ahí.

Entonces podemos contestar: ¿cuál es la mejor manera de conservar mi propia estima y, por amor, ayudar al otro al mismo tiempo?

Diez mandamientos para la educación de los hijos[8]

No decidas por ellos.[9]
No hagas lo que ellos pueden hacer.
Da ejemplo de lo que pregonas.
Pon límites de acuerdo a cada uno.
Dialoga, siempre dialoga.

[8] Armando Rugarcía, "Diez mandamientos para la educación de los hijos", en *Fuego para el propio conocimiento*, México, UIA, 1997, pp. 98-109.
[9] Este rasgo educativo se desarrolla al dejar que ellos mismos, desde niños, tomen sus decisiones, pero no al estilo norteamericano.

Pregunta, no respondas.

Vive con ellos y no sobre ellos.

No sólo les des cosas.[10]

Integra y vencerás.

Evita preferencias y prejuicios.

En esta nueva edición quiero dedicar un espacio al poderoso papel que los padres de familia tienen en la vida de sus hijos, una realidad poco explorada en nuestro país y, sin embargo, de poderosas consecuencias.

Peggy Drexler, psicóloga social de la Escuela de Medicina de Cornell, reflejó esta tendencia en su libro *Nuestros padres, nosotras mismas: hijas, padres y el cambio en la familia norteamericana*, para el que entrevistó a más de 75 mujeres exitosas —de 20 a 40 años—. La mayoría de ellas atribuyó la confianza en sí mismas a la crianza que habían recibido de sus papá, pero, sobre todo, al rol de mentores que ellos jugaron en sus vidas.

[…] En la actualidad los padres contribuyen al posicionamiento de género de sus hijas.

[…] "Durante siglos, los padres fueron encerrados en los roles de proveedor y protector. Su trabajo consistía en endurecer a sus hijos (hombres) y entregar a sus hijas a maridos. Hoy en día, las mujeres se están educando y haciendo su camino en el mundo del trabajo. A menudo, su modelo es más su padre que su madre, los miran a ellos como guía en sus carreras", dice Drexler.

Un cambio que, además, se refleja en la estadística: según un estudio de 2009 de la Universidad de Maryland, en 1909 apenas 6 % de las mujeres seguía la misma carrera que su padre. Desde 1976 la cifra se

---

[10] El sólo darles el dinero o las cosas a los hijos es equivalente a renunciar a la tarea de educarlos.

elevó a 20 %: las menores de 47 años recibieron el triple de influencia de sus padres en esta elección que las de principio de siglo xx.

"Los estudios demuestran que las mujeres exitosas, cuando eran niñas, estaban intrigadas por la pasión que sus padres sentían por el trabajo", explica Joe Kelly, autor estadounidense de libros de paternidad. Drexler dice que, en general, las que trabajan en ambientes masculinos no se sienten ajenas ni incómodas. Su papá las preparó.

Otro aspecto que marca esta relación es que se ha establecido que son los padres, no las madres, los que tienen más paciencia con sus hijas y que eso constituye un importante factor de éxito en el colegio y el trabajo.

[…] Una de las mujeres entrevistadas por Drexler comentó que cada vez que jugaba Monopoly con su padre, él lo hacía lo mejor que podía. Nunca la dejaba ganar por ser niña. Según la psicóloga, eso contribuyó a que esta mujer aprendiera cómo conseguir sus logros y que las recompensas se obtienen con trabajo duro.

[…] Los padres de algunas de ellas las trataban igual que a sus hermanos. […] Lo que ocurre, de acuerdo con la autora, es que muchos padres ahora ven a sus hijas como iguales, incluso a veces superiores que sus hijos en inteligencia, motivación, independencia financiera y habilidad para cuidar de sí mismas.[11]

Permítanme compartirles una excelente reseña de la periodista Adriana Malvido en su columna "Cambio y fuera" del periódico *Milenio* sobre el papel que ha jugado en la vida de Malala su padre Ziauddin Yousafzai.

El 12 de julio de 1997 su esposa dio a luz a una niña en Mingora, en el hermoso Valle del Swat, Pakistán. No sonaron los rifles en son de

[11] Noelia Zunino E., "El desconocido poder de los padres sobre sus hijas", en *La Tercera*, 4 de febrero de 2012, disponible en: <http://diario.latercera.com/2012/02/04/01/contenido/tendencias/26-99399-9-el-desconocido-poder-de-los-padres-sobre-sus-hijas.shtml>.

fiesta con los que se acostumbra celebrar el nacimiento de un varón. Pero Ziauddin Yousafzai, el padre de 28 años, lejos de esconderla detrás de la cortina donde cumpliría el deber de dedicar su vida a preparar comida y tener hijos, pidió a todos que arrojaran frutos secos, dulces y monedas dentro de la cuna, igual que con los niños, y en el árbol genealógico familiar, cuya única línea es masculina, escribió con orgullo: Malala.

Ziauddin siempre fue diferente. Tartamudo de joven, heredó de su padre el amor a la poesía y ante la incredulidad de su familia, ganó un concurso de oratoria. La pobreza no lo detuvo, estudió y soñaba con fundar una escuela. Sus hermanas nunca fueron a clases y su esposa dejó de asistir a los 6 años de edad, lo que lamentaría después, cuando su novio le escribía poemas que ella no podía leer.

Él pensaba que todos los problemas de su país se debían a la falta de educación. La ignorancia era un arma de los políticos para engañar a la gente y de los corruptos, para reelegirse. Convencido de que todos, ricos y pobres, niños y niñas, tenían derecho a la escuela, pensaba abrir una donde hubiera pupitres, biblioteca, carteles luminosos… y, sobre todo, baños. Quería estimular el pensamiento independiente y repudiaba que las escuelas premiaran la obediencia por encima del desarrollo intelectual y la creatividad.

Cuando abrió la Khushal School hace 20 años, tenía tres alumnos, hoy son más de mil, en tres edificios. Al nacer Malala, eran cien. Ahí mismo, en uno de los cuartos, vivía la familia de tres, que luego aumentó con la llegada de dos hijos más. Él era director, maestro, administrador; barría y limpiaba los baños. Ése era el mundo de su hija, donde creció, se enamoró de los libros y jugaba a ser maestra. Hasta que el 9/11 lo cambió todo.

"Malala es libre como un pájaro", repetía Ziauddin. Con la llegada de los talibanes al Valle de Swat, le prometió: "Yo protegeré tu libertad. Sigue adelante con tus sueños". A los 11 años, la niña descubre el poder de las palabras y encabeza una campaña en defensa de la educación de las mujeres. Ni ella ni su padre, que son profundamente religiosos, se rinden ante las amenazas o se someten a la prohibición de que las niñas asistan a la escuela, mientras que su madre da desayuno y albergue a los niños más necesitados. Si el Talibán encierra a las mujeres, Ziauddin les dice a sus alumnas: "Ustedes tienen tanto derecho a gozar del campo, las cascadas y el paisaje como los niños".

Yo soy Malala cuenta la historia de esta niña fuera de serie que sobrevivió a las balas del Talibán; que insiste: "Un niño, un maestro, un libro y una pluma pueden cambiar el mundo", y que a los 17 años es Premio Nobel de la Paz 2014. Pero el libro también es retrato de quien le da alas: "En mi parte del mundo la mayoría de la gente es conocida por sus hijos. Yo soy uno de los pocos padres afortunados conocido por su hija". Gente como Ziauddin, también puede cambiarlo todo.[12]

[12] Adriana Malvido, "El papá de Malala", en *Milenio*, 23 de octubre de 2014, disponible en: <http://www.milenio.com/firmas/adriana_ malvido/papa-Malala_18_396140392.html>.

Cuando los hijos se van...

> Cuando tú bailas, baila todo el universo.
> JALALUDDIN RUMI

El culto a la juventud es tal en nuestra sociedad que envejecer resulta una experiencia terrible para muchas mujeres. Algunas se resisten a aceptarlo e invierten tiempo y dinero para lograr una figura y apariencia que no delaten su edad. Otras más eligen el camino de la soledad y hay quienes disfrutan plenamente de sus años dorados, pero suelen ser las menos.

Es frecuente que cuando los hijos se van de la casa, aunque cada vez son menos, para estudiar o formar sus propias familias, muchas mujeres sufran una depresión profunda que las lleva a tener crisis severas, porque el centro de su vida giraba en torno a ellos y ahora sienten que ya no son necesarias como antes. Un sentimiento de vacío y soledad se apodera de sus vidas.

"Es difícil ver partir a los hijos, pero los vínculos son emocionales, no habitacionales. Acompañarlos en el camino hacia la autonomía y ser testigos de cómo conquistan sus sueños es como verlos renacer".[1]

Ahora esas mujeres, en especial quienes no trabajan fuera del hogar o no se han realizado en el campo profesional, se enfrentan a un progresivo vacío. Las labores hogareñas no requieren su constante presencia. El marido está muy ocupado en el trabajo y posiblemente tenga relaciones extramaritales, los hijos la buscan cada vez menos y todo esto acarrea una serie de variaciones en la rutina que pueden producir, desde una sensación de aburrimiento y has-

[1] Viviana Álvarez, "El síndrome del nido lleno: cuando los hijos se convierten en eternos adolescentes", en *Revista Susana*, 6 de septiembre de 2013, disponible en: <http://www.revistasusana.com/1615323-el-sindrome-del-nido-lleno-cuando-los-hijos-se-convierten-en-eternos-adolescentes>.

tío, hasta verdaderas depresiones que son tratadas con drogas psiquiátricas.

Algunas esperan que ésta sea una época de enfermedad, invalidez, incomodidad, aflicción y dependencia hacia los demás, que va en aumento. Añoran y se lamentan de sus años de juventud y fecundidad. Sienten que han perdido a sus hijos, que no tienen un propósito en la vida y ninguna esperanza, excepto la decadencia y la muerte. Otras, no obstante, disfrutan la liberación de su papel biológico y se sienten completamente realizadas. Éstas continúan o renuevan su carrera con mayor vigor y sus instintos maternales quedan bien satisfechos al convertirse en abuelas.

Algunos llegan a los 25 años y no continúan su proceso de maduración. Otros sólo hasta los 70 años saben lo que quieren y pueden hacer. La frase "Estoy demasiado vieja para esto" es una cómoda excusa para no trabajar en la búsqueda de metas y propósitos. A los 60 años nadie es demasiado vieja para estudiar, ni lo es a los 70 para cambiar el rumbo de su vida.

Un antiguo y sabio proverbio dice: "Las uvas maduran con el tiempo". Si alguna persona cree haber alcanzado su punto máximo de desarrollo a los 30 años, ¿qué va a hacer cuando tenga 70 u 80?

Los años dorados pueden resultar una bellísima etapa de nuestra vida e, incluso para muchas mujeres, la mejor de todas, porque nunca como ahora cuentan con *su tiempo* para desarrollarse y ser, para experimentar y aprender lo que siempre han deseado, para disfrutar más plenamente la vida, con menos miedos y más probabilidades de intensidad y acierto.

"Intenta no ocupar tu vida en odiar y tener miedo", como dijo Stendhal en su gran novela *Lucien Leuwen*.[2]

Ya le dimos espacio a la belleza de ser madres, de trabajar con gran afán, de cocinar, de ayudar a otros a crecer, ahora es el momento de darnos espacio a nosotras mismas y a la belleza de

---

[2] Fernando Savater, *Ética para Amador*, México, Planeta, 1997, p. 189.

nuestra madurez. Es como empezar a vivir siendo más nosotras, estando más completas y queriendo mejor.

Como expresaba una mujer con gran capacidad de disfrutar la vida: "Yo no podría saber lo que sé hoy en día si no tuviera la edad que tengo. Tengo la oportunidad permanente de aprender y vivir".

Cuando los hijos regresan o nunca se van.
¿Plenitud o esclavitud?

Con zapatos apretados puedes caminar…
pero no puedes bailar, y en la segunda mitad de la vida,
el alma demanda bailar.

A nuestro país le están saliendo canas. A 15 años de haber escrito la primera versión de *Dios mío, hazme viuda por favor*, el número de adultos mayores en México se duplicó. En 2040, uno de cada cuatro ciudadanos será adulto mayor y estaremos hablando de casi 30 millones de personas en esta condición.

Cada vez hay más personas mayores de 60 años, edad a partir de la cual en México se clasifica a una persona como adulto mayor. En otros países, particularmente en los desarrollados, el corte se hace a los 65 años y pienso que, con el tiempo y crecimiento de este grupo de edad, será el caso de México.

Cumplir 60 años y entrar a la categoría de adultas mayores resulta una clasificación precipitada, por decir lo menos, en un país como el nuestro, donde la población alcanza en promedio una esperanza de vida de 77 años. No obstante, las últimas estadísticas refieren que cuando una mujer mexicana llega a los 60 años de edad su expectativa de vida, en promedio, es de aproximadamente ¡23 años más! Quiere decir que, al cumplir las primeras seis décadas, tenemos por delante prácticamente una tercera parte de nuestra vida.

Imaginemos todo aquello que es posible realizar en estos 23 años, por lo menos.

Hace algunas décadas, tener 60 años indicaba el inicio de la etapa final de la vida en muchos sentidos. Para muchas de nuestras madres y abuelas los finales de la vida se acumulaban: el de una vida laboral o de tener hijos en casa. Aún recuerdo a mi suegra decirme una y otra vez que ella "Ya había terminado con sus hijos" pues todos estaban casados y hacían sus propias vidas y, aunque siempre nos esperó con gran disposición y amor cuando la visitábamos, daba por hecho que había llegado el final de una etapa.

Era el fin de muchos matrimonios donde la muerte de uno de los cónyuges dejaba al otro en estado de viudez y, frente a ello, muchas familias solían organizarse para apoyar a quien enfrentaba su vida en solitario. También era el fin de muchas responsabilidades cotidianas que por años nuestras abuelas asumieron como madres de familia y se transitaba de ser mamá a ser abuelita, con los papeles tradicionales de aquel entonces.

Hace varios años, tener 60 indicaba que quedaban apenas algunos años por delante y que los sueños y actividades que acompañaban la vida debían guardarse en el cajón de los recuerdos. Hasta la forma de vestirse denunciaba por doquier que ya se era una adulta mayor: las secciones de ropa daban cuenta de tejidos, colores y diseños.

Ahora, por fortuna, cumplir 60 años y más no sólo significa el inicio o la continuidad de una vida plena y de gran intensidad, sino más bien la oportunidad para realizar una gran cantidad de anhelos con márgenes más amplios de libertad y una capacidad de disfrutar la vida que los años anteriores difícilmente permitieron.

Muchas decisiones se desplazaron en el tiempo, desde la edad en que se unen las parejas, hasta el nacimiento del primer hijo. Algunos de nuestros hijos nacieron justo cuando teníamos la edad en la que nuestras madres ya cuidaban a una familia numerosa.

Los avances en la salud aumentaron la expectativa y calidad de nuestras vidas y hoy alguien de 60 años es totalmente lúcido, hace deporte, viaja y lleva una vida sexual y social como alguien sensiblemente menor. Lo que no se ha modificado es justamente esta línea de definir como adulto mayor a quien cumple esta edad, pues pensar que entonces se va a retirar o marchar a su casa es negar la realidad. Mientras esta concepción no se modifique, gran parte de las mujeres de esta edad o más enfrentarán dificultades crecientes.

Recientemente leí un texto extraordinario de Martha Pardo titulado *Retos de la segunda mitad de tu vida*. En él, con claridad y sabiduría, la autora habla de esta segunda etapa de la vida que, para cada una de nosotras, llega en un momento diferente, pero que tiene rasgos comunes. Por ejemplo, cuando los hijos ya crecieron y muchas decisiones las convertimos en nuestra vida cotidiana, la menopausia es un aviso implacable de que algo ha cambiado en nosotras. La naturaleza, al igual que anunció la llegada de una nueva etapa con la primera menstruación, anuncia ahora la llegada de otra más. Y así como cada una de nosotras recibió la menstruación en distintos momentos, edades y circunstancias, así también llegará esta segunda etapa de nuestras vidas. Nosotras sabremos cuando sea el momento.

La llegada de esta segunda etapa de la vida nos enfrenta ahora a realidades diametralmente distintas y desafiantes a las de hace tan sólo unas décadas.

En 2010, las mujeres mexicanas vivían, en promedio, alrededor de cinco años más que los hombres, pero esta mayor longevidad no siempre es sinónimo de calidad de vida.

De poco más de cinco millones de mujeres de 60 años y más en México, hay aproximadamente un millón y medio que no saben leer ni escribir, y poco más de un millón que tienen alguna discapacidad.

Lamentablemente, un número importante de mujeres adultas mayores que trabajan lo hacen en el sector informal, lo que les impide tener estabilidad laboral y sueldos justos y permanentes. Esto limita su capacidad de ahorrar y lograr seguridad económica.

Si bien a lo largo de este capítulo hablaré sobre diversos aspectos en esta etapa de la vida, quiero poner énfasis en la importancia que tiene la libertad económica. Es decir, la vida y las oportunidades de cómo vivirla serán muy diferentes para aquellas mujeres que, a lo largo de su vida, o por condiciones personales, cuentan con independencia económica y, por tanto, con márgenes de libertad que se vuelven infinitamente valiosos conforme avanza el ciclo de la vida, a diferencia de mujeres cuya dependencia económica las coloca en posiciones más vulnerables y que, en el caso de nuestro país, son la abrumadora mayoría.

No estoy afirmando que será más feliz la que tenga mayor libertad económica, o que sea lo único o lo más importante, pero debemos reconocer que una mujer que se sabe productiva, con un ingreso o una base de ahorro, podrá elegir entre muchas más alternativas, será más independiente y vivirá con menos miedos. De ahí la importancia de llegar a esta fase de nuestra vida con mayor certeza y protección.

En todos los casos, reconociendo que para una mujer con dependencia económica o grandes limitaciones de salud su segunda etapa de vida será mucho más desafiante, nos indican que debemos prepararnos si es que estamos en la ruta, o bien, si ya el reloj biológico y psicológico marcó las manecillas de una nueva etapa, para tener la capacidad de enfrentarla, vivirla y, particularmente, disfrutarla.

Llegó el momento de preguntarnos si será la etapa de plenitud o esclavitud. De nuestra respuesta dependerá prácticamente el resto del fin de nuestras vidas.

No estoy tan segura de que estemos preparándonos lo suficientemente bien para ello, empezando por el adulto mayor que aún es visto por muchos como una carga y, en no pocas ocasiones, ellos mismos se perciben así.

Una cantidad importante de mujeres adultas mayores que lejos de terminar con sus hijos están volviendo a empezar, pues los tienen de regreso en casa por razones de divorcio, motivos económicos o simplemente porque éstos nunca decidieron irse; las mujeres sin oportunidades de educación y acceso a mejores condiciones de salud son mucho más vulnerables y dependientes. Mujeres para quienes la edad es sólo una fecha más y deciden intentar y hacer realidad lo que por muchos años sus papeles y responsabilidades no les permitieron, así encontramos a quienes finalmente practican y disfrutan un deporte, una afición cultural o, simplemente, sus espacios propios.

En los años 60, con el advenimiento de los movimientos de liberación femenina y la rebeldía ante acontecimientos sociales, la mayoría de los jóvenes deseaba salir lo más rápido posible de sus hogares de origen. En la actualidad, el hogar materno se ha convertido, para muchos de nuestros hijos, en un hogar permanente, porque no se independizan cuando pueden hacerlo, o porque retornan frente a condiciones adversas.

El síndrome de Peter Pan[1] está más presente que nunca. Las razones por las que los hijos permanecen en el hogar son diversas y multifactoriales. Entre ellas se encuentran:

- La dificultad de colocarse en el mercado laboral.
- La adolescencia extendida, como le llaman algunos especialistas, o los jóvenes de veintilargos que en sus hogares paternos tienen todo resuelto.
- Situación económica difícil.
- Divorcios y dificultades.

Los incentivos para marcharse de casa disminuyen porque, en un sinfín de casos, las parejas pueden convivir, salir de vacaciones juntos, pasar fines de semana en casa de alguno de los padres y, todo ello, sin dejar de ser hijos de familia y sin la necesidad de formar un hogar ni ser penalizados socialmente por ello.

Muchos jóvenes se resisten a pasar por los mismos sacrificios que pasaron sus padres al independizarse y prefieren aprovechar las ventajas de ser jóvenes hasta el último momento pues están convencidos de que la adultez es sinónimo de que ya no la van

---

[1] El psicólogo norteamericano Dan Kiley denominó como síndrome de Peter Pan al conjunto de rasgos que tiene aquella persona que no sabe o no puede renunciar a ser hijo para empezar a ser padre. El hombre-niño que se resiste a crecer, es incapaz de cuidar y proteger a nadie, así como intercambiar papeles igualitariamente en el contexto de una pareja. No es cuestión de edad, hay de 30, 40, 50, 60 años y hay quien muere siendo Peter Pan.

a pasar tan bien. Además, los hogares de ahora "Son mucho más abiertos y hospitalarios que los de antes", dice el psicoterapeuta Miguel Espeche.

Viviana Álvarez, en su artículo "El síndrome del nido lleno: cuando los hijos se convierten en eternos adolescentes", cita a la psicóloga argentina Maritchu Seitún:[2]

> Hoy los padres nos ocupamos por demás de que nuestros hijos estén bien, de que no sufran, no se frustren ni se enojen con nosotros. Parece que tuviéramos miedo de que nos abandonen [...] La adultez empieza cuando los hijos se independizan en todos los aspectos. Los jóvenes de veintilargos que siguen viviendo en la casa paterna son falsos adultos: no se ocupan de lavar su ropa ni van al supermercado ni cambian focos eléctricos, viven en el paraíso con todo resuelto. Estos hijos no se hacen fuertes para enfrentar los contratiempos de la vida y prolongan algunos aspectos de la adolescencia.[3]

Estos adolescentes eternos han vivido en el confort desde temprana edad y no están dispuestos a renunciar a él. Si a esta actitud se le suma que, en muchos casos, las mamás los siguen tratando como sus niños o niñas mimados, pues no debe extrañarnos que lo último que pretendan hacer es salir de casa y asumir responsabilidades, empezando por hacerse cargo de ellos mismos.

Otros padres no dejan ir a sus hijos por miedo a vivir esta segunda etapa de la vida sin un proyecto propio o de pareja.

---

[2] Maritchu Seitún de Chas es psicóloga de origen argentino. Integra y coordina los equipos de Psicología de Niñez y Adolescencia del Centro Médico Domingo Savio en San Isidro. Dicta talleres de lectura y reflexión para madres. Colabora en diarios y revistas de temas de psicología de infancia.

[3] Viviana Álvarez, "El síndrome del nido lleno: cuando los hijos se convierten en eternos adolescentes", en *Susana*, 6 de septiembre de 2013, disponible en: <http://www.revistasusana.com/1615323-el-sindrome-del-nido-lleno-cuando-los-hijos-se-convierten-en-eternos-adolescentes>.

De ahí la importancia de que padres e hijos tengamos causas y propósitos que le den sentido a cada día. La actitud libre y amorosa de pensar y hacer por y con otros debe traducirse siempre en crecimiento, nunca en prisión o esclavitud.

Si hay todo un proceso cuando los hijos se van, también hay un ajuste y de gran escala cuando regresan, particularmente cuando ese regreso es producto de una separación o divorcio o de una crisis económica porque entonces este retorno vendrá acompañado de una fuerte carga emocional que provocará cambios en los papeles de la familia.

Si quien regresa lo hace de manera individual, habrá un reacomodo menor que si lo hace acompañado por sus hijos. De un momento a otro la familia crecerá y, con ello, también las responsabilidades de los abuelos, especialmente de las abuelas.

En España se estima que 25% de quienes se divorcian regresan al domicilio familiar y actualmente suman ya más de 127 000 personas entre hombres y mujeres. Así mismo, el número de personas mayores de 60 años que tiene un hijo en casa supera con creces 40%, en Suecia 5.3% y en Dinamarca 5.4%.

Y así como hay quienes al regresar no dejan de lado sus responsabilidades, también se dan casos en los que al contar con apoyos adicionales, van depositando en otros tareas y funciones que les facilitan sus vidas y se las complican a otros. Por eso es fundamental establecer acuerdos de ayuda mutua, pero principalmente de corresponsabilidad.

Frente a largas jornadas de trabajo de ambos padres o de uno de ellos, las abuelas-madres son la figura de amor y solidaridad más importante.

Diversas investigaciones muestran que en países como España y otros de América Latina, las abuelas asumen este papel de manera casi natural, y en sus respuestas prevalece un sentimiento de satisfacción por apoyar en el cuidado de sus nietos, aunque también hay quienes responden que las jornadas son agotadoras y afectan su salud y espacios personales.

Así encontramos desde abuelas que al cuidar a sus nietos encuentran una compensación afectiva, hasta otras que, además de esta compensación, también reciben un apoyo económico. O casos donde, dadas las condiciones de dificultad económica, sólo tendrán la responsabilidad del cuidado de sus nietos sin apoyos económicos de por medio. Hay situaciones más adversas donde las abuelas apoyan en tiempos parciales, y a la vez, siguen trabajando dentro y fuera de sus hogares para lograr un ingreso.

Frente a estas nuevas y crecientes realidades de hogares que albergan varias generaciones, es justo insistir en la corresponsabilidad y consideración para los abuelos, es decir, valorar su extraordinario esfuerzo y no asumirlo como una obligación. En este caso, las abuelas deberán marcar, conforme sus propias condiciones, consideraciones y elecciones, sus límites y fronteras.

Son múltiples los sentimientos y actitudes que nos acompañan en estos años. Desde la frustración por no haber logrado todo aquello que de niños y jóvenes soñamos o nos pusimos como meta, hasta la sensación de que ya no tendremos tiempo ni oportunidad para hacer cambios radicales o avances notables. Incluso, hay personas que con logros significativos en diversos campos de su vida y una familia amorosa o un grupo de amigos valioso se sienten poco felices ante el hecho de no llegar a esta etapa con todas las alforjas llenas de aquello que hace años creían posible.[4]

Tal vez, ahora como nunca, mirarnos con respeto y poner en una balanza lo que sí tenemos y no sólo colocar por delante aquello de lo que carecemos se vuelve indispensable, y no como un ejercicio

[4] Martha Pardo García, *Retos de la segunda mitad de tu vida. Desarrolla tu máximo potencial en la edad adulta*, México, Limusa, 2014.

de aceptación mediocre y menos aún de autocompasión, sino como un alto en el camino que nos permita aceptar con justicia, gratitud y alegría lo que sí somos, lo que sí hemos construido y las bendiciones que hemos recibido. A su vez, hacer un recuento de aquello que aún anhelamos y elegir nuestras batallas y trabajar en ellas es nuestra oportunidad.

Muy probablemente también hayamos aprendido que algunos propósitos, que en nuestra primera etapa de la vida parecían indispensables, hoy resultan relativos y lo que antes era un problema o causa de angustia ya tampoco lo es. Estos años son una oportunidad extraordinaria para aprender a disfrutar cada instante de mejor manera, para renunciar a los juicios de valor donde todo es blanco o negro, y para elegir gozar de aquello que las agotadoras jornadas laborales y familiares no nos permitieron hacer.

A estas alturas de la vida hemos adoptado costumbres y tradiciones a las que nos cuesta renunciar o no queremos modificar. Por ejemplo, para algunas personas levantarse muy temprano ya es normal o querer todo súper ordenado o comer a ciertas horas so pena de convertirse en seres monstruosos si pasan cinco minutos de la hora que marca el reloj aunque el estómago no sienta hambre alguna, o bien, vestirse de tal o cual manera y no considerar alternativa alguna.

Somos toda la suma de estas costumbres, aficiones, tradiciones, etcétera. Lo valioso en todo caso será reconocerlas y aceptarlas con entusiasmo y pensar que, aún sintiéndonos a gusto con nuestras elecciones, también hay otros a nuestro alrededor.

Sólo con madurez seremos capaces de reconocer aquellas zonas más grises de nuestra personalidad y trabajar en ellas para transformarnos cada día en una mejor persona. La opción más dolorosa sería sobrevivir cada día con costales de culpas, traumas, rencores, odios, envidias y con amargura y ajustes de cuentas personales o de grupo. Dedicar estos años a contar y alimentar amarguras es una elección de muerte dolorosa y cotidiana, aparte de que seguramente le fastidiaremos la vida a quienes nos rodean.

Podemos convertirla en la mejor etapa y oportunidad para dejar atrás lo que nos disgusta y transformarnos en la persona que sí deseamos ser.

Tenemos que decidir cómo nos gustaría envejecer, qué dejamos ir y a qué o a quiénes les damos la bienvenida. Pasarnos todos los días frente al espejo intentando ocultar las arrugas, los signos de la edad o enojarnos por un cumpleaños más es inútil y amargo y también nos impide abrazar y disfrutar todo aquello que sí tenemos.

Muchas mujeres asocian la felicidad con tener pareja, con estar acompañadas. En nuestro país, 54 de cada 100 mujeres con 60 años o más no tienen un compañero. Mientras estar "solas" siga siendo sinónimo de desventaja, inseguridad y desamor, resultará casi imposible que las mujeres que así lo creen puedan disfrutar de esta etapa de sus vidas.

Es una etapa donde, por fin, podemos permitirnos hacer de lado las máscaras y actitudes que usamos a lo largo de nuestra vida, la flexibilidad parece ser una elección que colabora de manera importante en estos años de vida.

Hay quienes optan por volverse más rígidas en estos años y se resisten al más mínimo cambio. Así, cada día serán más restrictivas y difíciles de sobrellevar. Se aferran a un pasado y, con ello, se imponen límites y riendas en su ser y hacer. Cualquier actitud o decisión que indique riesgo la descartan de inmediato y su mundo se hace estrecho, no hay cabida para nadie más que no sean sus miedos y recriminaciones.

Quizá no sea fácil optar por la apertura y por darnos esos permisos que tantos años aguardamos, sólo las invito a reflexionar sobre las decisiones que debemos asumir.

Ya no correr esos kilómetros a la velocidad con que lo hacíamos hace 20 años puede significarle a algunas personas un verdadero trauma. Ya no tener la figura de hace 40 años o haber perdido a seres amados resulta doloroso y extrañamos su ausencia y compañía. Sin embargo, sólo dejando ir con la mayor gratitud y alegría posibles, dando la bienvenida a nuevas batallas, sueños, entornos y realidades, nos permitirá que esta segunda etapa sea plena y feliz.

El hecho de aceptar lo que sí es requiere de valor y será la diferencia en muchas de las actitudes que elijamos día con día.

Ahora podemos destinar parte de esta energía a compartir con otros y salir de nuestros círculos individuales. De esta manera, la generatividad[5] responsable sustituye la gratificación personal. Se trata de crear, de cuidar, de acompañar a otras generaciones, de compartir lo que aprendimos y construimos hasta ahora, sin renunciar a nuestros sueños ni dejar de trabajar o de hacer aquello que hemos elegido; de compartir, y no guardar solamente para nosotros, experiencia, conocimiento, compañía, entre muchos otros activos.

Lo anterior implica dejar de culpar a otros y asumir con madurez las decisiones y acciones a lo largo de nuestra vida. Asumir nuestro presente con todas sus realidades y hacernos cargo de aquello que nos corresponde.

Es la gran oportunidad para desarrollar una mayor trascendencia, para apostar por aquello que sí vale la pena y no desgastarnos en lo que no agrega valor a nuestras vidas, me refiero a esos valores que nos hacen vivir en paz, con pasión, amor y compasión, empezando con nosotras mismas.

Por muchos años vivimos momentos en los que afirmamos estar felices; hoy, será una etapa en donde podemos elegir construir nuestra felicidad a diario.

Dejar ir y abrir espacio para permitir que llegue lo nuevo también implica saber perdonarnos y hacer de lado el dolor por agravios y atropellos que sufrimos tiempo atrás. Si no perdonamos es

---

[5] Definida por el psicoanalista Erik Erikson como el interés de los adultos mayores por guiar, influir y ayudar a la siguiente generación.

imposible salir del pasado, es como optar por la esclavitud y las amarras.

Al llegar a la segunda mitad de la vida nos damos cuenta que probablemente nos quedan más años por delante de los que habíamos imaginado. También descubrimos que contamos con muchas alternativas y no sólo con la opción de envejecer. Por eso es deseable que hagamos las paces con la vida.

Hace poco tiempo redescubrí en los caleidoscopios una belleza y un significado de los que nunca me había percatado: aprendí que los mismos objetos y paisajes pueden verse en distintos tonos, brillos, colores y dimensiones, como la vida misma. Me pareció maravilloso tener uno a la mano, para mirar a través de sus cristales y permitirme descubrir formas que no había observado, maravillarme con estos nuevos mundos que sólo necesitaban unos instantes y un nuevo lente y que por años consideré un juguete más para los niños.

Ahora, cuando me invitan a celebrar algún festejo, disfruto mucho obsequiar un caleidoscopio porque quiero compartir estos mundos siempre diversos y sorprendentes con muchas personas más y recordar que, como decían las abuelas, todo depende del cristal con que se mira.

Así, mientras algunas mujeres apuestan por morir a diario, deseo que siempre sean más las que apuesten por vivir intensamente.

Es en este proceso de nuestra vida en que el valor de la resiliencia se vuelve determinante, pues es la fuerza que nos levanta una y otra vez cuando caemos. La resiliencia a la adversidad depende de cada persona, de su "Capacidad natural para luchar y sobreponerse" (Rivas Lacayo, 2007).

No podemos evitar el hecho de envejecer, pero sí podemos evitar sentirnos viejos.[6]

---

[6] Martha Pardo García, *op. cit.*

Estamos frente a la mejor y mayor oportunidad de responder a cada año solamente como una cuenta cronológica, como un pesar o una negación sobre cuántos años tenemos, o bien, como la mayor bendición en esta segunda etapa de nuestras vidas.

En nuestra alma e inteligencia, en este don único e invaluable de la libertad, tomemos la decisión: esclavitud al pasado, la culpa y el rencor, esclavitud a la rigidez y a decidir que en el mundo no hay más que blanco o negro, esclavitud a una casa tan limpia que también deja en blanco nuestro placer y alegría, esclavitud a no dejar ir a quien nos hace daño o todo aquello que nos lástima, esclavitud a creer y actuar como si llegar a cierta edad fuera el fin y no el principio de una luminosa etapa de vida.

O bien, la plenitud de cada día y cada amanecer. La plenitud de sentir nuestra alma y nuestro cuerpo, de disfrutar una sexualidad más libre y hacer aquello que por años aplazamos porque estábamos demasiado ocupadas en otros. La plenitud de mirarme frente al espejo y aceptar a la mujer que he construido y decidir con qué partes me quedo, cuáles quiero que sean diferentes y trabajar en ello. La plenitud de agradecer a cada parte de nuestro cuerpo su resistencia y compañía, y de reconocer que muchos otros sumaron a nuestras vidas con generosidad. La plenitud que da tener causas y proyectos y permitirnos vivir, compartir y sentir. La plenitud de una vida que reconozca cada día como un nuevo amanecer, donde es posible volver a empezar.

Quiero aprender de aquello que me inspiró mi suegra con su maravillosa necedad de vivir con generosidad y alegría. Y la bendición de una madre que es sinónimo de valor y alegría que llena de luz e irradia cada milímetro con su existencia.

Finalmente, comparto con ustedes las líneas del escritor colombiano Samuel Arango M.:

Los hombres maduros de ahora hemos llegado a una edad maravillosa en la que emprendemos el camino del desaprendizaje.

Fuimos criados con la creencia de que debíamos ser los mejores en todo: mejores estudiantes, mejores esposos, mejores profesionales, mejores padres, etcétera. Fuimos educados con la creencia de que *todo* es pecado. Ha llegado la hora del desaprendizaje.

Ha llegado la hora de decir *no* en muchas ocasiones, de mandar al carajo los compromisos y las obligaciones. Pasó la hora de las responsabilidades desvelantes. Ahora nos gusta estar solos, disfrutar buenas conversaciones con gente que no nos insulta y que cree lo mismo que nosotros o que no le importa que opinemos diferente. Es la hora de hablar de todo sin necesidad de sostenerlo como medio de defensa. Es hora de ver películas, de estar en una finca durante la semana, de leer, de escuchar, de sonreír y de burlarse de la mayoría de los mortales que viven pendientes de las pendejadas.

Nosotros demostramos que las responsabilidades fueron bien atendidas por nosotros, que hicimos las cosas lo mejor posible, que dejamos huellas, que somos buenas personas.

Lo que nos queda de vida es para nosotros, para disfrutar, para cumplir el mandamiento divino de amarnos a nosotros mismos. Por eso vamos a hacer lo que nos da la gana. Viajar al máximo, tomando café con amigos y amigas, conversando con todo el que nos encontremos.

Ya pasó la época de los papeles. Lo que fuimos, fuimos, ahora somos para nosotros mismos sin tener que rendir cuentas a nadie. Los demás seguirán su camino de responsabilidades y de afanes, de preocupaciones y nerviosismos.

Nosotros ahora estamos por encima del bien y del mal. Vamos a museos, asistimos a conferencias y si no nos gusta nos salimos sin que nos importe, redescubrimos al Quijote y a Fernando González.

Ahora asistimos con mayor frecuencia a entierros y nos damos cuenta de que se aproxima el nuestro, pero estamos preparados, pues, al fin y al cabo, vivir es mortal. Dios es para nosotros una profunda experiencia interior, lejos de mitos, ritos, limosnas y pecados sin fin. Es la hora de empezar a relajarnos y de conversar largas horas con Dios, que es el único que permanece siempre, ahora y después de que abandonemos la nave del cuerpo.

Nos rodean pocos seres a quienes amamos profundamente y que seguirán viviendo sus propias experiencias, estemos nosotros o no. Mandaremos para donde sabemos a la gente que nos molesta, la tóxica. Quienes nos buscan sin egoísmos van a encontrar una sonrisa, una mirada tierna y comprensiva, un consejo acertado o no, afecto.

Somos ahora sí libres de ataduras, de prejuicios, de creencias. Somos libres si no le tememos ni a la vida ni a la muerte.[7]

[7] Samuel Arango M., "La hora de desaprender", en *El Colombiano*, 8 de octubre de 2012, disponible en: <http://www.elcolombiano.com/historico/la_hora_de_desaprender/la_hora_de_desaprender-JGEC_210595>.

Tomando las riendas

Toma la vida en tus propias manos y,
¿qué sucede entonces?
Una cosa terrible: no tienes a nadie
a quien poder echarle la culpa.
ERICA JONG

Las mujeres hemos sido reacias a tomar la responsabilidad de nuestras vidas, pues se nos ha enseñado que esto significa que se nos pueden pedir cuentas de lo que nos sucede y, en consecuencia, ser reprochadas.

Aceptar toda la responsabilidad de nuestros actos, incluyendo nuestras respuestas emocionales y de comportamiento ante todas las situaciones de nuestra vida, es el paso definitivo a la madurez humana. Aprendimos a explicar nuestros fracasos diciendo que no teníamos los recursos para funcionar e incluso alegamos que nuestras estrellas no estaban alineadas. Lo contrario a inculpar o culparnos es aceptar la responsabilidad total de nuestra vida, nuestras elecciones y sus consecuencias, sean inmediatas o a largo plazo.

Si poseo mis respuestas asumo la responsabilidad de mis emociones y comportamientos y llegaré a conocerme a mí misma. Mientras tratemos de explicar nuestros actos y sentimientos trasladando la responsabilidad a otras personas y situaciones, nunca llegaremos a conocer nuestro verdadero yo. El crecimiento inicia donde termina la inculpación.

Decir que tenemos la sangre caliente, el carácter muy fuerte o que los otros no nos dejan hacer tal o cual cosa es inculpar. Seguramente lo aprendimos y dimos como un hecho o una reacción natural que los demás deben aceptar a la fuerza. Nos volvemos esclavos de los hábitos, como animales amaestrados.

Cuando no se asume la responsabilidad, se forma una barrera con la realidad, porque se fabrican falsas explicaciones para hechos verdaderos. Hay personas que siempre están a la defensiva y prefieren responsabilizar a un muerto antes que voltear a verse a sí mismas y responder por su vida.

Cuando nos portamos bien por miedo y no por convicción, somos como el niño que al oír la voz de un padre autoritario tiembla y se asusta, pero a la primera oportunidad actuará en sentido contrario. Cuando actuamos conforme a la regla de "No hacer a otro lo que no quieras para ti", nos ubicamos en el terreno de una madurez adolescente y sólo cuando actuemos por genuino compromiso, adquiriremos una madurez adulta, no importa qué tan suaves o duras hayan sido nuestras elecciones y sus consecuencias.

Si cambiamos el puedo por el quiero, la intensidad de nuestra vida y nuestras posibilidades de logro serán inmensas, porque nos convertiremos en dueñas de nuestra vida y colocaremos en nuestras manos el poder de decidir la vida y la actitud con que anhelamos construirla.

En lugar de decir "No puedo aprender", "No puedo hacerlo", "No puedo darme tiempo", "No puedo dejar de sufrir", debemos afirmar "Elijo aprender", "Elijo hacerlo", "Elijo estar ocupada", "Elijo no sufrir".

Cuando afirmo "Yo elijo", entonces yo y mi alrededor se iluminan y miles de muros empiezan a derribarse. Aun cuando enfrentemos lo inevitable, podemos seguir afirmándolo. Podemos no haber escogido la familia en que nacimos, el país, nuestro color de piel o estatura, pero sí podemos elegir nuestra actitud frente a estos acontecimientos.

Cuando una mujer se propone algo tiene mil formas de conseguirlo, y cuando no quiere hacerlo, encuentra 100 000 caminos más para lograrlo.

Culpar es un juego inútil, un modo de delegar responsabilidad, que sirve como excusa para racionalizar las cosas que no podemos aceptar de nosotros mismos. Por eso, los dueños hablan en primera persona y los inculpadores lo hacen en segunda y tercera: ellos, los otros, él, ella, ustedes, pero nunca yo.

Tomar las riendas significa apropiarnos de nuestro pasado, ser protagonistas de nuestro presente y la posibilidad de soñar, imaginar, desear y hacer realidad nuestro futuro.

Cada día es una elección constante entre la vida y la muerte y sólo nosotras podemos decir sí o no.

De profesión, mujer

Dios, siendo inmensamente sabio,
sólo sabe contar hasta uno, porque,
cada uno de nosotros, somos el universo.
CARLOS LLANO

147

El Señor sumió a Adán en un profundo sueño —sólo dormido pudo hacerle eso—, le sacó una costilla y de ella hizo a Eva.

Despertó el hombre y vio a la compañera que el Creador había formado para él.

—¿Qué es esto? —preguntó.

—Es una mujer, respondió el Hacedor con una gran sonrisa de satisfacción. No hay nada en el mundo como ella. Es mi obra maestra, la suma de todas las perfecciones.

—¿Así de perfecta es? —desconfió Adán—. ¿Estás seguro de que no va a fallar?

—¿Fallar? —se molestó el Señor—. ¿Estás loco? —Y añadió luego, alzando la cabeza con orgullo—: Es insumergible.[1]

Emily H. Mudd, psiquiatra y consejera matrimonial de la Universidad de Pensilvania, afirma:

A lo largo de la historia, las mujeres han demostrado una sorprendente facilidad y vitalidad para desempeñar todos los cargos que les han sido asignados, los que han cumplido sin abandonar su continua y básica función de traer hijos al mundo. Eso del sexo débil es un mito inventado por aquellos que tienen temor de fallar y ser rebasados.[2]

Dentro de la fuerza laboral o en la casa, las mujeres se perfilan como ejes de los grandes movimientos actuales. En muchos

[1] Armando Fuentes, "Mirador", en *El Heraldo de Chihuahua*, p. 6.
[2] Alfonso Acuña, *Sexo y mujer: pasado, presente y futuro*, Bogotá, Planeta, 1996, p. 85.

sectores los líderes son las mujeres. Tuve oportunidad de conocer a muchas líderes de esas bases tan preciadas del partido "oficial" —expresaba un político—. Ellas siempre llegaban temprano, acicaladas como para un día de fiesta: algunas con sus chinos engomados sobre la frente, las 24 horas que les tiene asignado el día se convierten en 36 y hasta en 48 con tal de lograr lo que se proponen. Estas protagonistas de la última década del siglo reciben motes desde *gucci-guerrilleras* hasta enfurecidas hormonales y el muy socorrido PVL (pinche vieja loca). Pero nadie niega su efectividad y avance.

Su capacidad de convocatoria es impresionante. Las mujeres son las que están al tanto de todo y dan la voz de alerta, salen a recabar firmas, manejan las redes telefónicas para convocar a la protesta, pintan las mantas, hacen las antesalas, voltean, apoyan a los candidatos y cuidan las casillas al igual que la cabecera de un hijo enfermo.

Las mujeres actuales se unen a causas públicas y privadas y son capaces de pelear por una brizna de hierba con igual intensidad que por un cerro o una nube, siempre y cuando les parezca una causa justa. Las mujeres se involucran en los proyectos más inverosímiles, adoptan las causas más extremas y pelean hasta las batallas más perdidas porque son perfectas administradoras de lo más preciado que tiene el hombre: el tiempo.

Mediante el ejercicio de sus derechos políticos, ellas son quienes decidirán el rumbo democrático de las naciones. Eso lo saben los gobernantes y partidos. Lo que no todos saben es que las mujeres están cada vez más dispuestas a modificar lo necesario para vivir en un mundo equitativo. Abrir las anchas puertas de la vida plena a las que vienen detrás.

La gran noticia es que ya no hay marcha atrás. Las mujeres decidimos abandonar el continente del silencio y no volver a habitarlo jamás. Hemos hecho nuestras las palabras y acciones fecundas que cuestionan, informan, imaginan y proponen nuevos modos de ser con los otros.

Estas mismas mujeres cambian su personalidad de amas de casa en tan sólo unas horas por la de ejecutivas, secretarias, mamás, consejeras. Hacen camas y dictan memos, cocinan y van al banco. Además, obsequian parte de su tiempo consiguiendo fondos para niños de la calle, combatir la drogadicción entre los jóvenes o simplemente apoyar a un compañero de trabajo. Ha sido tal su empeño por ocupar su espacio y figurar, que ahora su indignación va más allá de las fronteras del hogar, de la oficina y la mesura.

Las mujeres de hoy reclaman igualdad en la diferencia, trato justo en todos los ámbitos. Porque hoy trabajan fuera del hogar, tienen vida más allá de las cuatro paredes de su casa. Ganan su propio dinero, asisten a las escuelas, ejercen profesiones, eligen a sus parejas, dan cátedra en las universidades, legislan, proponen nuevos modelos de desarrollo comunitario y los llevan a cabo. Lo mismo obtienen triunfos en competiciones atléticas y científicas y exigen el cumplimiento de sus derechos ciudadanos, promueven cambios a leyes discriminatorias, dicen no al maltrato dentro y fuera de la familia, demandan el respeto a su voto en la elección de gobernantes.

Se ha despertado el gigante que estaba dormido y tal parece que nadie detendrá su marcha, si acaso sólo las mismas mujeres podrán hacerlo. Este despertar deberá conducirnos a mejores e insospechados caminos pero, sobre todo, a una realización más humana, plena y profunda de nuestra persona y a lograr esa felicidad tan anhelada y justa.

Espero que mis hijas no se pregunten en el futuro si las mujeres valen igual, pueden lo mismo, sienten profundo, desean imposibles o son capaces de crear en lo terreno y en lo sublime. Anhelo que, sabiendo que es así, se pregunten entonces cómo colaborar en la construcción de un mundo más justo y bueno para todos, sin excepción.

El desafío no es asumir la misma posición que los hombres mantuvieron o mantienen con la mujer, porque acabaríamos en lo mismo y el escenario sería peor que el actual.

La opción sería adoptar una posición "En contra de" y "Estar a favor del ser humano" y de todo lo que eso pueda significar.

La primera condición para lograrlo es ser dueñas de nuestra vida, tenemos ante nosotras la opción de vivirla y no dejar este placer a otra persona. La vida es un continuo querer vivir y requerimos de coraje y pasión para lograrlo.

Cuanta más capacidad de acción tengamos, mejores resultados podremos obtener de nuestra libertad.

Tanto la virtud como el vicio están en nuestro poder. En efecto, siempre que está en nuestro poder el no, lo está el sí, de modo que si está en nuestro poder el obrar cuando es bello, lo estará también cuando es vergonzoso, y si está en nuestro poder el no obrar cuando es bello, lo estará, así mismo, para no obrar cuando es vergonzoso. (Aristóteles, *Ética a Nicómaco*)[3]

Debemos abrazarnos, sacudirnos y despertarnos para poder abrazar la vida, sentir sus caricias, oír su latido, observar la belleza de todo nuestro alrededor y respirar con fuerza para retomar el coraje y renacer a una vida nueva.

Los seres humanos tenemos el don de muchas vidas, muertes y renacimientos. El amor es siempre el deseo de que aquello que amamos viva, dure y prospere en el tiempo para siempre. *El amor quiere el bien del otro para siempre.* De ahí la obligación de amarnos para llegar a trascender más allá de la vida biológica e inmediata.

Vivir no es una ciencia exacta como las matemáticas, sino un arte, como la música. De ésta se pueden aprender ciertas reglas y escuchar lo que crearon grandes compositores, pero si no tienes oído, ritmo ni voz, de poco va a servirte todo eso.

La buena vida no es algo general fabricado en serie, sino que sólo existe a la medida. Cada quien debe inventarla de acuerdo con su individualidad, única, irrepetible y frágil.

[3] Fernando Savater, *Ética para Amador*, México, Planeta, 1997, pp. 39 y 40.

La vida no es como las medicinas, todas vienen con su prospecto en el que se explican las contraindicaciones del producto y la dosis en que debe consumirse.

Ya que se trata de elegir, procura siempre aquellas opciones que te permitan otras opciones posibles, no las que te dejan con la cara a la pared. Elige lo que te abre: a los otros, a nuevas experiencias, a diversas alegrías. Evita lo que te encierra y lo que te entierra.[4]

Si nos proponemos encontrar el mal, hay suficiente que pueda descubrirse. Por otro lado, si buscamos encontrar bondad, también hay suficiente y está esperando a que la descubramos. Si buscamos imperfecciones en nosotros y los demás, sin duda, tendremos éxito. Sin embargo, si miramos más allá de las cosas débiles y tontas y nos proponemos encontrar las cosas buenas y bellas que nadie más había buscado lo suficiente, seremos recompensados con el éxito y la felicidad. Todo depende de lo que busquemos. "Dos hombres miraban hacia afuera de los barrotes de la celda de prisión, uno vio lodo y el otro vio estrellas."

¿Qué ves tú, ahora?
¿Qué eliges tú, ahora?
En tus manos, tu corazón e inteligencia
está la decisión de supervivir
de sobrevivir o de pobrevivir.
Ahora tómala y camina orgullosa por tu vida.

[4] Fernando Savater, *op. cit.*, pp. 186-188.

Las mujeres millenium: luces y sombras. Tú eliges…

Cada vez que elijan lo que las hace más libres, aunque ello signifique realizar un mayor esfuerzo, serán más fuertes y a la larga, más felices.

Rechazan la sumisión y cuestionan, proponen y hacen posibles, con esfuerzo y sin rendición, sus sueños y anhelos. Tienen nuevas preguntas y viven en un mundo global, desafiante y de enormes contrastes.

Muchas realidades cambiaron para las mujeres jóvenes, empezando por el acceso a un mundo apasionante e ilimitado de tecnología. En términos generales, gozan de mayores márgenes de libertad, y muchos mitos y tabúes con los que crecimos las mujeres a lo largo del siglo XX se dejaron atrás o, por lo menos algunos de ellos se acotaron. Desde la manera de vestir, hablar y acceder a oportunidades de educación hasta una normalidad en la convivencia cotidiana con varones que ya no despierta sospechas ni miedos como antaño.

A pesar de los enormes retos que aún enfrentan las mujeres mexicanas, se han incorporado de manera más agresiva y, cada vez más jóvenes, al ámbito laboral y las actividades productivas.

Sin embargo, para el tema que nos ocupa me di a la tarea de conversar personalmente con un amplio grupo de jóvenes, hoy egresadas universitarias e incluso con maestría un buen número de ellas. La mayoría son jóvenes de clase media quienes con el esfuerzo de sus padres y su empeño han viajado a otros países siendo capaces de comunicarse en una o más lenguas extranjeras.

Ha sido muy aleccionador escuchar sus testimonios y siempre tendré una enorme gratitud con ellas por la confianza con que hablaron sobre algunas de sus experiencias de vida.

En términos generales, se sienten libres y fuertes, son capaces de generar ingresos propios y algunas de ellas han escalado posiciones destacadas en el mundo laboral. Toman decisiones y ya no aceptan posiciones de sumisión.

En sus entornos familiares se manejan con autonomía y, si bien aceptan reglas de convivencia, sus márgenes de libertad son sustantivamente mayores a los que tuvimos en nuestra generación.

Una de estas jóvenes me escribió lo siguiente: "Hoy en día, las mujeres pueden llegar lejos laboralmente hasta donde se lo propongan. Yo tengo muchas amigas de 25 y 27 años con muy buenos puestos y son autosuficientes en todas las áreas de su vida".

Sin embargo, cuando en estos diálogos las jóvenes entraban al terreno de sus relaciones personales o de pareja, las historias eran en su mayoría radicalmente distintas y distantes a la autonomía que mostraban en otras facetas y a las actitudes de independencia y seguridad con que se comportaban en otros terrenos. Aunque las encuestas reflejan que para muchas jóvenes tener novio o pareja ya no es tema, la realidad parece demostrar que muchas de ellas todavía pagan altísimos costos con tal de mantener a su lado una compañía que las lastima, replicando patrones de comportamiento y consignas que por generaciones han marcado y lastimado la vida de las mujeres.

En 2010, las estadísticas en México indicaban que "10% de las jóvenes que dicen tener novio afirma que éste les prohíbe amistades o formas de vestir y, por lo menos, una de cada cuatro de las que han vivido en pareja, ha sido abofeteada".[1]

Aunque la gran mayoría de las jóvenes considera que nunca está justificado pegarle a una mujer, es muy preocupante que "20% considere que, bajo algunas circunstancias, sí está justificada la violencia física".[2]

[1] Instituto Mexicano de la Juventud y Secretaría de Educación Pública, *Encuesta nacional de juventud 2010*, México, 2010.

[2] Instituto Mexicano de la Juventud e Instituto de Investigaciones Jurídicas, Área de Investigación Aplicada y Opinión, UNAM, *Encuesta nacional de valores en juventud 2012*, México, 2012.

Lo que viven en sus escuelas no es muy diferente, pues "Seis de cada 10 jóvenes que van a la preparatoria han sufrido algún acto de violencia por parte de su pareja, que les reclama cómo se visten, las acusa de coquetear, les dicen que son tontas, las insultan, las besan cuando ellas no quieren y las empujan o jalan del brazo".[3]

Una de las jóvenes a quien tuve oportunidad de escuchar me decía:

Ahora estamos en el peor de los mundos porque nos sentimos fuertes e independientes y en nuestras relaciones de pareja no permitimos gestos o atenciones hacia nosotras, pues las consideramos debilidades. Así, damos por hecho que nosotras debemos ir a su encuentro y rechazamos que pasen por nosotras a nuestro trabajo o casa; ahora pagamos la mitad de la cuenta de lo que consumimos y, en ocasiones, la pagamos completa, porque así nos sentimos menos dependientes. A su vez, aceptamos algún tipo de violencia de nuestra pareja frente a la amenaza abierta o velada de que "Nadie me va a querer tanto como él" o que sólo con esta pareja tendremos compañía.

Así, por un lado, viven sus relaciones personales arrastrando temores, tabús y mitos de generaciones anteriores y, por otro, asumen compromisos y quitan responsabilidades a sus parejas bajo el argumento de su autonomía y fortaleza. Este cóctel termina en relaciones enfermizas y profundamente dolorosas, donde la rescatadora intenta demostrar, a otros y a sí misma, que puede salvar de manera permanente a alguien hasta en las condiciones más adversas, sea aceptando maltrato psicológico o violencia verbal o física. Toda la independencia con que muchas jóvenes viven las diversas facetas de su vida se transforma en temor, autoengaño y sufrimiento cuando de relaciones personales se trata.

[3] Subsecretaría de Educación Media Superior, *2a. encuesta de exclusión, intolerancia y violencia*, México, 2013.

Aceptan al celoso que las vigila y secuestra de muchas maneras, al manipulador que no se cansa de repetirles que solamente él las va a amar y, por tanto, deben soportarlo y disculparle su machismo y misoginia y al abusador que opta por el confort de una relación en donde recibe todo, desde el pago de cuentas hasta satisfacciones sexuales sin el menor compromiso y reciprocidad.

Al redactar estas líneas, recuerdo que en mi paso por la Secretaría de Educación Pública tuve oportunidad de invitar a México a la periodista María Antonieta Collins a presentar su libro, *Cuando el monstruo despierta: violencia en el noviazgo*, donde narraba, en medio del dolor, como estaba luchando por la vida de su hija menor, en ese entonces, a punto de morir a causa de un novio violento.

María Antonieta lo dice claro: una familia que no vive violencia de pareja difícilmente creerá que su hija está expuesta a ella. Sin duda, las chicas aprenden que el amor es equitativo, sano, igualitario, o pueden creer que ésa es la regla y que no hay peligros en el amor o noviazgo, pero no siempre sucede así.

Otra de las jóvenes con quien dialogué fue muy clara al señalar:

Hablando de relaciones de noviazgo, creo que lo que le falta a la mujer mexicana es aprender a quererse y aceptarse. Yo tengo amigas que van de novio en novio, pero nunca se han tomado el tiempo para estar con ellas mismas y conocerse, de aprender qué es lo que quieren de la vida y a ser felices solas. Aún hay sociedades en las que eres mal vista o juzgada si a los 28 años no tienes una pareja o no estás en una relación seria. Se te empieza a considerar como una quedada o alguien a quien ya se le fue el tren y, muchas veces por eso, las mujeres prefieren empezar una relación con la primera persona que se les pone enfrente con tal de no estar solas. Creo que un gran porcentaje de las mujeres cree que la felicidad viene de la mano de tener una pareja y es ahí cuando se forman las relaciones enfermizas y dependientes, ya que creen que sin la otra persona no hay vida plena ni felicidad. Es muy bonito estar enamorada pero yo no planeo renunciar a mi vida por alguien que no me convenza 100%, he pasado mucho tiempo sola y puedo decir que me gusta bastante.

Un buen número de jóvenes viven sus relaciones de pareja y su sexualidad libremente, sin que esto provoque una ruptura con la generación de sus padres. Quizá estos acepten a regañadientes que vivan un tiempo con su pareja antes de casarse o que se vayan de vacaciones juntos antes de tomar decisiones que impactarán toda su vida. Del otro lado de la moneda las estadísticas indican que México ocupa el primer lugar, entre los países de la Organización para la Cooperación y el Desarrollo Económicos (OCDE), en embarazos de adolescentes antes de los 19 años. En nuestro país, de cada mil nacimientos, 65 son de jóvenes de 19 años o menos, mientras en países como Suiza es apenas de cuatro por cada millar. Esta realidad es terrible porque, lejos de disminuir los embarazos de adolescentes, han aumentado, volviéndose el más alto de las dos últimas décadas. Esto demuestra que, a pesar de la información, las campañas y la liberación de las jóvenes en su sexualidad, aún existen grandes retos para que esta última sea armónica y no arriesgue su futuro.

Actualmente, la edad promedio en que las jóvenes tienen su primera relación sexual es a los 17 años, mientras que los hombres a los 16. Sin embargo, prácticamente la mitad de ellas (o de sus parejas) no utilizaron algún método de protección o anticonceptivo en su primera relación ni tampoco en la más reciente. No es irrelevante que 12 de cada 100 mujeres jóvenes hayan tenido su primera relación sexual antes de los 15 años.

A manera de broma, una joven advertía a sus amigas que en sus relaciones personales no podían hacerlo con Luis, Pepe o Juan, sino con-don José, con-don Pancho o con-don Luis. Siempre *condón*.

Sin pretender simplificar las diversas causas de estos embarazos a edad temprana que van desde la pobreza, ignorancia, falta de información o formación, abusos sexuales, entre otros, quiero mencionar una sigla que en Twitter ha logrado posicionarse en millones de redes sociales: #yolo, siglas en inglés de "You only live once" que en español significa "Sólo se vive una vez", y si bien algunos jóvenes la interpretan como el poder disfrutar de oportunidades que la vida nos ofrece a diario, para muchos otros ha significado una "justificación" para hacer aquello que se les antoje sin medir los riesgos ni las consecuencias.

Parecerá que me estoy colocando en un extremo, sin embargo, son los testimonios que escuché directamente de este grupo de jóvenes mujeres. Debe haber otras relaciones con matices diferentes a las que he descrito. No obstante, en mayor o menor grado parece ser que los patrones viejos no acaban de morir y los nuevos no terminan por nacer. Es así como nuestras hijas llevan a sus relaciones personales pedazos de dependencia, temor, autoengaño y, si bien establecen relaciones mucho más libres en todos los sentidos, con una comunicación abierta y fluida con sus parejas, y cuando así lo deciden, con una sexualidad que ya no les genera conflicto, la pregunta de fondo es, ¿por qué muchas de ellas no se sienten plenas ni suficientemente felices? ¿Por qué aceptan ser lastimadas en diferentes grados y maneras?

Cuando les pregunté, coincidieron en que han crecido con oportunidades de estudios diversos pero reconocen que en su autoestima hay un déficit importante, que no las hemos enseñado a amarse lo suficiente, o bien, que por diversas razones ellas no han decidido asumir las riendas de su vida poniendo sus propias condiciones y necesidades por delante.

Afirman que frente a una relación en donde su pareja padece alguna adicción, ellas sienten que deben quedarse porque pueden hacerlos cambiar pues son fuertes y capaces para conseguirlo. Así, se repiten patrones de conducta que a ratos ya creíamos superados y, aunque hoy sea por razones distintas, las consecuencias son las mismas que hace décadas, con el agravante de que ahora ellas soportan una carga mayor.

Además, reconocen que aún hay barreras importantes de comunicación con sus padres y que, en muchos de sus hogares, las palabras y discursos respecto a relaciones afectivas sanas, respetuosas y no dependientes simple y sencillamente se contraponen a la realidad cotidiana que viven en sus familias pues, por un lado, sus madres expresan sus anhelos de libertad, y por otro, aceptan relaciones de sujeción y maltrato, o bien, sus familias viven conflictos que irremediablemente afectan su manera de relacionarse con otros. Todo parece indicar que estas contradicciones generan confusión y también —ellas lo dijeron así— un sentimiento de soledad y desamor las lleva a refugiarse en quien las hace sentir protegidas aunque suceda justo lo contrario.

Los límites del amor

Expertos en la materia afirman que los límites definen a la persona. Un límite nos muestra dónde termina nuestra persona o comienza otra y nos da un sentido de propiedad. Por ello, somos más libres cuando sabemos cuáles son nuestros dominios y responsabilidades.

Asimismo, los límites nos marcan que aunque en ocasiones invertimos mucho tiempo de nuestra vida intentando cambiar y controlar a otra persona, nada ni nadie nos obliga a ello, salvo nuestra falsa creencia de sentir que podemos hacerlo. La palabra más demarcadora de un límite es no, pues ésta permite que otros entiendan que somos personas independientes y que tenemos control de nuestra vida.

Hay quienes creen que si dicen no a alguien pondrán en peligro su relación con esa persona, por lo que, sumisamente acceden a sus peticiones aunque en su fuero interno las rechacen. Renunciamos a poner límites cuando tenemos miedo porque pensamos que al hacerlo perderemos al amor de nuestra vida o la aceptación de los demás.

La incapacidad para poner límites adecuados, en el momento oportuno y con la persona apropiada, resulta muy destructiva.

Muchos trastornos de ansiedad, alimentación, adicciones, problemas de culpa, vergüenza y de relaciones con otras personas, tienen su origen en un conflicto de límites.

Queridas jóvenes, eviten estar al alcance de quienes las lastiman y decepcionan. Quien haya vivido una relación abusiva, no debe regresar hasta que pase el peligro, es decir, cuando una verdadera conducta de cambio sea patente o no debe hacerlo jamás: "Depositar nuestra confianza en una persona abusadora o adicta sin notar un verdadero cambio es una tontería. Protejan su corazón hasta ver un cambio permanente y prolongado."[4]

Sin embargo, es imposible poner límites a otros cuando no lo hacemos con nosotras mismas, cuando cedemos a aquello que nos lastima y destruye. Queremos gobernar a otros sin gobernarnos primero.

Así como es cotidiana la queja de muchos padres de familia sobre la rebeldía de sus hijos, e incluso el miedo que sienten frente a ellos, también debemos reconocer que no educar a nuestros hijos por comodidad o por ubicarnos en el otro extremo de la manera en que nosotras fuimos educadas, los jóvenes crecen sin límites ni consecuencias claros y, en un sinnúmero de hogares, se pasa de la

[4] Pastor Netz Gómez, "Presentación", en *Houses of Light. Temas matrimoniales*, disponible en: <http://www.netzgomez.com/assets/aprendiendo-a-poner-límites.pdf>.

época en que los hijos tenían miedo a sus padres a la época en que los padres tienen miedo a sus hijos. Esto provoca que, en lugar de formar hijos con carácter y templanza, muchos jóvenes sean incapaces de enfrentar y resolver desafíos, por mínimos que sean, pero, sobre todo, esta incapacidad para vivir los hace muy vulnerables y los coloca en un camino de infelicidad, egoísmo y frustración. Mi querido amigo, Germán Dehesa, afirmaba que cuando uno de nuestros hijos nos reclame que quiere ser libre, la mejor respuesta será la siguiente: "Tú puedes ser todo lo libre que quieras, pero sin mi dinero".

A muchos los llenan de cosas materiales y les cumplen hasta los más absurdos caprichos. No conocen ni límites ni consecuencias, por tanto, desprecian la autoridad y los convertimos en monstruos e inútiles potenciales.

La gama comprende desde los hijos mimados y caprichosos que gobiernan y amenazan a sus padres, que incluso en ocasiones ejercen violencia en contra de ellos. El periódico digital *El Mundo.es* citaba en 2011: "Desde 2007, más de 17 000 menores de más de 14 años han sido procesados en España por agredir, física o psíquicamente, a sus progenitores durante la convivencia".

Del otro lado de la moneda, es justo reconocer que para muchos de nuestros hijos es muy difícil y adverso crecer en sus entornos familiares. En algunos casos porque, como bien dice otro buen amigo mío, "Queremos que nuestros hijos sean como nosotros, sólo que perfectos", y esta presión les resulta insoportable, o bien porque están sujetos a ocupar cada minuto de su día en alguna clase extra escolar para tenerlos haciendo "algo", o porque muchos hijos, siendo únicos o teniendo hermanos, se sienten obligados a cumplir todas las expectativas que sus padres tienen de ellos.

En el otro extremo, también hay padres a los que sus hijos les estorban y harán todo lo posible para que sean otros quienes se encarguen de ellos hasta el grado en el que la indiferencia y abuso de los padres genera una profunda soledad y desamor para sus hijos.

Las estadísticas oficiales nos muestran datos que llaman a una profunda preocupación y ocupación: los jóvenes son quienes, en mayor medida, están atentando en contra de su propia vida y quienes tienen mayor éxito en los intentos de suicidio que se presentan anualmente. Aquí algunos datos relevantes:

Entre los años 2003 y 2012 la cifra de defunciones por suicidio entre los adolescentes que tenían entre 10 y 14 años al momento de su muerte era de 1 787, cifra equivalente a un promedio de un suicidio aproximadamente cada dos días.[5]

Entre los 15 y 19 años, el INEGI estimó un aproximado de dos suicidios al día.

En prácticamente el mismo nivel se encuentran los jóvenes que al momento de fallecer tenían entre 20 y 29 años. Un promedio anual de 1 350 suicidios, o bien, un aproximado de cuatro casos al día.

Éste es un llamado urgente que nos convoca a todos, especialmente a los padres de familia.

Esta generación también es la primera de jóvenes inmersos en la tecnología, con todas las oportunidades, fortalezas, riesgos y debilidades que esto implica. Antes se hablaba de brechas generacionales, hoy son tecnológicas. Mientras tanto, nuestros hijos y nietos viven tal cual en la "nube tecnológica" y la velocidad se ha convertido en uno de sus valores más importantes. En un par de segundos, pueden resolver sus dudas e inquietudes apretando sólo un par de teclas o botones. Si antes, en las comidas familiares, cuando el papá era muy estricto e incluso autoritario sólo se escuchaba el silencio, o bien cuando en familias más amorosas las mesas eran ruidosas y alegres, hoy es cotidiano observar nuestras mesas y las de otros con silencios prolongados, ya no por el autoritarismo y las

---

[5] Instituto Nacional de Estadística y Geografía, *Estadísticas de Mortalidad*, 2011, México, 2011.

miradas gélidas del padre en la cabecera sino por el autoritarismo del celular en la mano que provoca que cada participante dialogue con alguien muy distante de quienes están a su alrededor. Así las cosas: se mantienen lejos de quienes están a su lado y se sienten cerca de quienes están a distancia.

Si antes era una tragedia no encontrar una cabina telefónica para hablar, hoy es tragedia mayor perder el celular, así sea por un segundo. Incluso recibir una llamada telefónica y escuchar una voz en vivo y directo resulta ya excepcional, pues las voces han sido sustituidas por los mensajes de texto de todo tipo.

Una joven me escribió lo siguiente:

Hablar de la tecnología, con la que vivimos hoy en día, es un arma de doble filo. Así como nos facilita la vida en muchos aspectos y nos ayuda a mantenernos en comunicación con personas que se encuentran lejos, al mismo tiempo nos aleja de las personas que están a nuestro lado. Nos hemos vuelto personas enajenadas y tenemos relaciones más fuertes e importantes con nuestro celular que con las personas que nos rodean. Tres cuartos de las conversaciones que tenemos con amigos es por medio de mensajes, uno cree que de esta manera estamos más cerca de la gente que nos importa, pero la realidad es que nos hemos vuelto extraños.

La revista *Time* dio a conocer un listado de signos que delatan a las personas que sufren de una dependencia excesiva hacia sus dispositivos tecnológicos.

1. *Revisas tu celular en la cama.* La necesidad de checar constantemente cada mensaje, alerta o sonido que genera tu celular interfiere hasta en la vida diaria. Duermes con el celular prendido cerca de la almohada en lugar de descansar.
2. *Envío de mensajes.* Incluyendo a personas que están en el mismo lugar.

3. *Estar lejos de tu celular te genera estrés*. Nomofobia es una palabra que surge de la frase en inglés *no mobile phobia* (fobia de estar sin celular). Es la sensación de angustia, ansiedad o miedo irracional que se experimenta cuando se dan situaciones como la pérdida del celular, la batería agotada y la falta de señal. El concepto surgió de una encuesta realizada en 2008 por la oficina de correos de Reino Unido, que entre sus resultados arrojó que 53% de los usuarios de celulares admitían sentir fobia a no traer su celular. Esta cifra aumentó considerablemente para 2012, donde las mujeres son las más preocupadas por no perderlo. El grupo más nomofóbico fue el de jóvenes de entre 18 y 24 años.

4. *Compartir intimidades en Facebook*. Es una forma de buscar aprobación, pero ésta no se queda en la red y nos hace infelices fuera de ella. "Los veinte y treintañeros se han acostumbrado tanto a recibir halagos en línea —como los comentarios en Facebook e Instagram— que esperan la misma validación cuando están desconectados", explicó el doctor Robert Leahy a la revista *Elle*.

El efecto es tan generalizado, que se le comienza a llamar Generación Validación. Cuando las personas reciben elogios hasta por las cosas más mundanas, el *like* se diluye y se hace menos valioso. Y aunque no parezca un problema grave, el hecho de que necesitemos recibir *clicks* todo el tiempo nos hace sentir mal cuando no sucede.[6]

Andy Kemshal, cofundador y director de Tecnología de Secur Envoy, reveló que un estudio sobre el uso de celulares descubrió que las personas revisan sus teléfonos un promedio de 34 veces al día. Algunos otros estudios dan cuenta de otros síntomas. Por ejemplo:

[6] Ana Paulina Valencia, "Una generación adicta a los likes", en *Reporte Índigo*, 23 de junio de 2014, disponible en: <http://www.reporte indigo.com/piensa/tecnologia/una-generacion-adicta-los-likes>.

- Te sientes incapaz de apagar el teléfono.
- Revisas obsesivamente las llamadas, correos y mensajes de texto.
- Cargas la batería constantemente al máximo.
- Te pones muy mal el día que se te olvida.

Gran parte del miedo a no traer celular deriva del miedo a sentirse desconectado. "Es como sentirse solos", afirma Cáceres.

Para muchos, la idea de estar todo el día sin el *gadget* causa más temor que llegar tarde al trabajo.

En España hay más líneas de teléfono celular que habitantes (112.7 líneas por cada 100 habitantes). El primer celular (el regalo envenenado según muchos sociólogos y psicólogos) lo reciben entre los 10 y 12 años; 63% posee un *smartphone* (teléfono inteligente). El que no tiene celular no es nada ni nadie, no es visible para los de su tribu.

Tener un celular no es bueno ni malo, lo importante es controlar el grado de dependencia.

Juan Luis R. Pons, director de *Chilango*, hace referencia al juego social más popular en el mundo y nos dice:

Puedes saber si ya has jugado demasiado *Candy Crush* si...[7]

1. ...no te has bañado en tres días.
2. ...revisas tu teléfono a la mitad de una película para ver cuánto te falta para tu siguiente vida.
3. ...ya te salieron almorranas por tardarte tanto en el baño.
4. ...en vez de chingón ya dices *diviiiine*.
5. ...has tuiteado más de tres veces tu frustración de no poder pasar del nivel 29.

[7] Juan Luis R. Pons, "Sabes que has jugado demasiado cuando... 26 síntomas de tu adicción a *Candy Crush*", en *Chilango*, 21 de mayo de 2013, disponible en: <http://www.chilango.com/general/nota/2013/ 05/21/26-sintomas-de-tu-adiccion-candy-crush>.

6. ...ves filas de caramelos en la cara de las personas con las que platicas.

7. ...te regresas a los niveles que ya pasaste para lograr una mejor puntuación que tus amigos.

8. ...pones los ojos en blanco cuando alguien dice que no entiende a "esos que se la pasan jugando en su celular".

9. ...le has marcado a un amigo para recordarle personalmente que tiene una solicitud tuya en Facebook.

10. ...a tu pareja, quien dormía plácidamente a tu lado, le da un miniinfarto cuando la despiertas con tu grito triunfal por pasar por fin el nivel 65.

Recientemente, el papa Francisco afirmó:

[...] No basta pasar por las calles digitales, es decir, simplemente estar conectados: es necesario que la conexión vaya acompañada de un verdadero encuentro. No podemos vivir solos, encerrados en nosotros mismos. Necesitamos amar y ser amados. Necesitamos ternura. La red digital puede ser un lugar rico en humanidad: no una red de cables, sino de personas humanas.[8]

Querida joven, puedes elegir disfrutar de la tecnología, el deporte, la comida, tus amigos, el alcohol, la fiesta, los estudios, tu novio, la familia, tu cuerpo, o bien, puedes elegir ser esclava, adicta y dependiente de todo ello y dependiente de la aprobación de los demás. Tú eliges ser libre o construir los barrotes de tus propias prisiones.

---

[8] Papa Francisco, "Mensaje del santo padre Francisco para la XLVIII Jornada Mundial de las Comunicaciones Sociales. Comunicación al servicio de una auténtica cultura del encuentro", en *La Santa Sede*, 1 de junio de 2014, disponible en: <http://w2.vatican.va/content/francesco/es/messages/communications/documents/papa-francesco_20140124_messaggio-comunicazioni-sociali.html>.

Las invito a elegir y luchar por sus sueños, aquello que las haga más libres y plenas, más fuertes y felices e, insisto, más felices, no sólo sentirse más contentas ni alegres temporalmente. No se conformen con poco porque merecen el universo y hoy, aún con los retos que enfrentan, son una generación que tiene oportunidades impensables y maravillosas que no existían hasta hace algunos años.

Elijan aquello que las haga más libres y no sólo tiene que ver con hacer lo que nos da placer o nos gusta. Elegir por la libertad exige saber responder a preguntas básicas en nuestras vidas: ¿Qué queremos? ¿Para qué? ¿Con quiénes? ¿Cuándo?, entre muchas otras.

Cada vez que eligen algo o a alguien que les resta espacio, libertad, plenitud y, por tanto, felicidad, escogen pedazos de esclavitud en todas sus variantes: al tabaco, al alcohol, al sexo, a las compras, al celular, a un cuerpo perfecto o a relaciones que les provocan dolor; hasta el hecho de renunciar a sus sueños para vivir los de otros o intentar complacer y quedar bien con todos para ser aceptadas.

Cuando escogen alguna de las variantes mencionadas, eligen morir poco o mucho cada día, y el riesgo es construir una vida llena de frustraciones y dolor.

La capacidad de elegir qué pensamos y sentimos en cada momento y cómo respondemos a cada situación es nuestra fuerza y libertad.

Si con frecuencia culpamos a otros de cómo estamos, cómo nos sentimos o de aquello que hacemos, sin duda renunciamos a ser libres.

Elijan aquello que las hace más libres, aunque eso signifique mayor esfuerzo, dedicación o entrega. Se sentirán mejor y serán más fuertes y felices porque tendrán las riendas de sus vidas y no se las habrán entregado a nadie más. Todo esto es posible sin renunciar, bajo ninguna circunstancia, a divertirse, pasarla increíble y hacer de cada día algo padrísimo e irrepetible.

Hablen cuando tengan algo valioso que decir y no se callen. Muévanse y no se queden sentadas o acostadas en su zona de confort. Bailen si les gusta bailar, ríanse más y angústiense menos. Si algo no les gusta o las lastima, hagan algo por cambiarlo y digan sí a los compromisos, que son la antesala para lograr sus sueños y no esperen a nadie más que resuelva lo que a ustedes corresponde. Tampoco se hagan cargo de cambiar a otros, pues la única vida que pueden transformar y vivir cada día a plenitud es la suya.

Tú eliges lo que vas a hacer y cómo vas a responder, eliges lo que piensas y lo que sientes. Eliges cambiar la creencia de que otro u otros deciden cómo estás y por qué reaccionas como lo haces. El mundo las está esperando para que también conjuguen en nosotros y no solamente en yo, yo, yo. Alrededor hay muchos otros seres humanos a quienes una caricia, palabra de aliento o enseñanza de su parte podrán ayudarles a transformar su vida y, de paso, también la de ustedes.

La vida es para disfrutarla, sentirla y honrarla.

Siempre hay días difíciles pero también siempre amanece...

¿Qué tan libres o tan esclavas deciden ser?

¿Qué tan felices o tan infelices deciden ser?

Lo mejor de todo es que ustedes tienen la respuesta.

Lo mejor de todo es que ¡tú eliges!

Cuando propuse la teoría de la relatividad, muy pocos me entendieron, y lo que te revelaré ahora para que lo transmitas a la humanidad también chocará con la incomprensión y los perjuicios del mundo.

Hay una fuerza extremadamente poderosa para la que hasta ahora la ciencia no ha encontrado una explicación formal. Es una fuerza que incluye y gobierna a todas las otras, y que incluso está detrás de cualquier fenómeno que opera en el universo y aún no haya sido identificado por nosotros. Esta fuerza universal es el amor.

Cuando los científicos buscaban una teoría unificada del universo olvidaron la más invisible y poderosa de las fuerzas.

El amor es luz, dado que ilumina a quien lo da y lo recibe. El amor es gravedad, porque hace que unas personas se sientan atraídas por otras. El amor es potencia, porque multiplica lo mejor que tenemos, y permite que la humanidad no se extinga en su ciego egoísmo. El amor revela y desvela.

Por amor se vive y se muere. El amor es Dios, y Dios es amor.

Esta fuerza lo explica todo y da sentido en mayúsculas a la vida. Ésta es la variable que hemos obviado durante demasiado tiempo, tal vez porque el amor nos da miedo, ya que es la única energía del universo que el ser humano no ha aprendido a manejar a su antojo. Para dar visibilidad al amor, he hecho una simple sustitución en mi ecuación más célebre. Si en lugar de $E=mc^2$ aceptamos que la energía para sanar el mundo puede obtenerse a través del amor multiplicado por la velocidad de la luz al cuadrado, llegaremos a la conclusión de que el amor es la fuerza más poderosa que existe, porque no tiene límites.

Tras el fracaso de la humanidad en el uso y control de las otras fuerzas del universo, que se han vuelto contra nosotros, es urgente que nos alimentemos de otra clase de energía. Si queremos que nuestra especie sobreviva, si nos proponemos encontrar un sentido a la vida, si queremos salvar el mundo y a cada ser sensible que en él habita, el amor es la única y la última respuesta.

Quizás aún no estemos preparados para fabricar una bomba de amor, un artefacto lo bastante potente para destruir todo el odio, el egoísmo y la avaricia que asolan el planeta. Sin embargo, cada individuo lleva en su interior un pequeño pero poderoso generador de amor cuya energía espera ser liberada.

Cuando aprendamos a dar y recibir esta energía universal, querida Lieserl, comprobaremos que el amor todo lo vence, todo lo trasciende y todo lo puede, porque el amor es la quintaesencia de la vida.

Lamento profundamente no haberte sabido expresar lo que alberga mi corazón, que ha latido silenciosamente por ti toda mi vida. Tal vez sea demasiado tarde para pedir perdón, pero como el tiempo es relativo, necesito decirte que te quiero y que gracias a ti he llegado a la última respuesta.

Tu padre,
Albert Einstein

Yo quiero

Yo quiero ser una mujer consciente del privilegio de la vida, yo quiero ser alguien, para responder con ello a los talentos que Dios me ha regalado.

Yo quiero ser feliz siendo yo misma, conforme a mi vocación y a mis sueños.

Yo quiero tener el coraje de ser libre para elegir mis caminos, vencer mis temores y asumir las consecuencias de mis actos.

Yo quiero tener alegría para reír, para construir mi camino a la felicidad, para sentir la energía de vivir intensamente.

Yo quiero tener éxitos, pero también fracasos que me recuerden mi condición humana, la grandeza de Dios y el peligro de la soberbia.

Yo quiero sentir, ser completa, amarme, reconocer que soy única, irrepetible e irreemplazable, que valgo porque han depositado en mí una chispa divina y soy polvo de estrellas.

Yo quiero cobrar conciencia de que nadie puede lastimarme a menos que yo lo permita.

Yo quiero ser luz para mi pareja, mi familia y mis hijos, porque así les ayudaré a crecer sin miedos y con responsabilidad.

Yo quiero dejar de ser víctima para recobrar la capacidad de autogobernarme.

Yo quiero querer el presente, elegir el futuro y trabajar para conseguirlo, incansablemente.

Yo quiero recordar el pasado, pero no vivir en el ayer, quiero soñar en el futuro, sin despreciar el presente, sabiendo que lo único seguro es el hoy, el aquí y el ahora.

Yo quiero perdonarme mis errores, mis culpas, mis caídas y viajar más ligera de equipaje.

Yo quiero renacer a cada día, decir sí a la aventura de la vida y del amor.

Yo quiero trascender por mis silencios, por mis palabras, por mi hacer y mi sentir.

Yo quiero sentir a Dios que vive en mí y agradecerle su infinita paciencia para esperarme, su entrega incondicional y su presencia, aunque a mí en ocasiones se me olvide agradecerle el que me haya elegido mujer.

Yo quiero ser una vividora de la vida, ser capaz de disfrutar la belleza y descubrirla o construirla donde está escondida, disfrutar la risa, pero también el llanto.

Yo quiero dejar de sobrevivir y atreverme a supervivir.

Yo quiero construir mil estrellas en el infinito y tener el valor de ir a alcanzarlas.

Yo quiero ser mujer completa, no sustituto, menos objeto, saber querer, saber decir sí, pero también no.

Yo quiero repetirme a diario:

¡Qué suerte he tenido de nacer!

¡Qué suerte tengo de estar aquí!

¡Qué suerte de ser mujer!

Josefina Vázquez Mota

Bibliografía

Acuña, Alfonso, *Sexo y mujer: pasado, presente y futuro*, Bogotá, Planeta, 1996.

Alberoni, Francesco, *Valores. 23 Reflexiones sobre los valores más importantes en la vida*, Barcelona, Gedisa, 1994.

Álvarez, Viviana, "El síndrome del nido lleno: cuando los hijos se convierten en eternos adolescentes", en *Susana*, Su Lectura, 6 de septiembre de 2013, disponible en: <http://www.revistasusana.com/1615323-el-sindrome-del-nido-lleno-cuando-loshijos-se-convierten-en-eternos-adolescentes>.

Arango M., Samuel, "La hora de desaprender", en *El Colombiano*, 8 de octubre de 2012, disponible en: <http://www.elcolombiano.com/historico/la hora_de_desaprender-JGEC_21059>.

Ballina, Jorge, *Educar en los valores: una reflexión en torno a la formación de arquitectos*, México, UIA, 1991.

Barnetche, María *et al.*, *Libre de adicciones*, México, Promexa, 1994.

Basave del Valle Fernández, Agustín, *Síntesis México: Un camino para conocerlo y amarlo*, México, Noriega, 1993.

Bosmans, Phil, *365 días: empieza a vivir el lunes con el humor del viernes por la noche*, España, Ediciones 29, 1988.

Bravo, Armando S. J., *Calidad de vida y exigencias éticas*, México, UIA, 1996.

Burggraf, Jutta, "Hombre y mujer: sin esquemas rígidos", en *Istmo*, Miscelánea, núm. 224, México, 1998.

Duby, Georges, *Año 1000, año 2000. La huella de nuestros miedos*, Chile, Andrés Bello, 1995.

Elborgh-Woytek, Katrin *et al.*, *Las mujeres, el trabajo y la economía: Beneficios macroeconómicos de la equidad de género*, Fondo Monetario Internacional, septiembre de 2013, disponible en: <https://www.imf.org/external/spanish/pubs/ft/sdn/2013/sdn1310s.pdf>.

Eyre, Linda y Richard, *Cómo enseñarles alegría a los niños*, Bogotá, Norma, 1987.

Forward, Susan, *Cuando el amor es odio. Hombres que odian a las mujeres y mujeres que siguen amándolos*, México, Grijalbo, 1989.

Frankl, Viktor, *El hombre en busca de sentido*, Barcelona, Herder, 1995.

Fuentes, Armando, "Mirador", en *El heraldo de Chihuahua*.

Fulghum, Robert, *Todo lo que necesito saber, lo aprendí en el jardín de infantes*, Nueva York, Ballantine Books, 1993.

Hincapié A., Elvira Olga, *La mujer integral: Lineamientos psicopedagógicos*, Bogotá, San Pablo, 1994.

Hunt, Dorothy S., *Amor, un fruto maduro. Breves reflexiones de la Madre Teresa para cada día*, Canadá, Atlántida, 1997.

Ingenieros, José, *El hombre mediocre*, México, Editores Mexicanos Unidos, 1978.

Isaacs, David, *La educación de las virtudes humanas*, México, Minos, 1995.

Instituto Mexicano de la Juventud e Instituto de Investigaciones Jurídicas, Área de Investigación Aplicada y Opinión, *Encuesta nacional de valores en juventud 2012*, México, UNAM, 2012.

Instituto Mexicano de la Juventud y Secretaría de Educación Pública, *Encuesta nacional de juventud 2010*, México, 2010.

Instituto Nacional de Educación Pública y Secretaría de Educación Pública, *2a. encuesta de exclusión, intolerancia y violencia*, México, 2013.

Instituto Nacional de Estadística y Geografía, *Encuesta Nacional de Ocupación y Empleo (ENOE)*, disponible en: <http://www.inegi.org.mx/est/contenidos/proyectos/encuestas/hogares/regulares/enoe/>.

_____, *Estadísticas a propósito de... Día Internacional de la Mujer (8 de marzo)*, 4 de marzo de 2014, disponible en: <http://www. inegi.org.mx/inegi/contenidos/espanol/prensa/Contenidos/ estadisticas/2014/mujer0.pdf>.

_____, *Estadísticas de Mortalidad 2011*, México, 2011.

_____, *Panorama de violencia contra las mujeres en México: enaireh 2011*, Instituto Nacional de Estadística y Geografía, México, Inegi,

2013, disponible en: <http://www.inegi.org.mx/prod_ serv/contenidos/espanol/bvinegi/productos/estudios/sociodemografico/mujeres-rural/2011/702825048327.pdf>.

Kraus, Arnoldo, "Depresión enfermedad y filosofía", en *El Universal*, Opinión, disponible en: <http://www.eluniversalmas.com.mx/editoriales/2014/06/70658.php>.

Lafarga, Juan, *Fuego para el propio conocimiento*, México, UIA, 1997.

Llano, Carlos, "El carácter: ¿armonía o lucha?", en *Itsmo*, Coloquio, núm. 224, México, 1988.

Luhmann, Niklas, *Confianza*, España, Anthropos, 1996.

Malvido, Adriana, "El papá de Malala", en *Milenio*, 23 de octubre de 2014, disponible en: <http://www.milenio.com/firmas/adriana_malvido/papa-Malala_18_396140392.html>.

Matey, Patricia, "La nueva epidemia en los adolescentes", en *El Mundo*, 25 de septiembre de 1997, disponible en: <http://www.elmundo.es/salud/Snumeros/97/S262/S262alimentacion.html>.

Mello, Anthony de, *Caminar sobre las aguas*, Argentina, Lumen, 1993.

_____, *Reflexiones de Anthony de Mello: Autoconocimiento*, Argentina, Lumen, 1994.

_____, *Reflexiones de Anthony de Mello: Autoliberación*, Argentina, Lumen, 1994.

_____, *Reflexiones de Anthony de Mello: Perder los miedos*, Argentina, Lumen, 1994.

Milosavljevic, Vivian, *Objetivos del milenio. La dimensión de género en el objetivo de reducción de pobreza*, Unidad Mujer y Desarrollo, CEPAL, disponible en: <http://www.cepal.org/mujer/noticias/noticias/4/24634/milosavljevic.pdf>.

Morgan, Robin (coord.), *Mujeres del mundo. Atlas de la situación femenina. 80 países vistos por sus mujeres*, México, Hacer, 1994.

Oliveros, F. Otero, *La felicidad en las familias*, México, Loma, 1988. Papa Francisco, "Mensaje del santo padre Francisco para la XLVIII Jornada Mundial de las Comunicaciones Sociales. Comunicación al servicio de una auténtica cultura del encuentro", en *La Santa Sede*, 1 de junio de 2014, disponible en: <http://w2.vatican.va/content/francesco/es/

messages/communications/documents/papa-francesco_20140124_ messaggio-comunicazioni-sociali.html>.

Pardo García, Martha, *Retos de la segunda mitad de tu vida. Desarrolla tu máximo potencial en la edad adulta*, México, Limusa, 2014.

Pastor Netz Gómez, "Presentación", en *Houses of Light. Temas matrimoniales*, disponible en: <http://www.netzgomez.com/assets/aprendiendo-a-poner-límites.pdf>.

Paterson, Orlando, *La libertad*, Chile, Santiago, 1991.

Powell, John, *La felicidad es una tarea interior*, México, Diana, 1996.

R. Pons, Juan Luis, "Sabes que has jugado demasiado cuando... 26 síntomas de tu adicción a *Candy Crush*", en *Chilango*, 21 de mayo de 2013, disponible en: <http://www.chilango.com/general/ nota/2013/05/21/26-sintomas-de-tu-adiccion-a-candycrush>.

Rangel, Verónica, "Diez de cada cien mujeres padecen anorexia en México", en *W Radio*, 3 de abril de 2010, disponible en: <http://www. wradio.com.mx/noticias/actualidad/diez-de- cada100-mujeres-padecen-anorexia-en-mexico/20100403/ nota/982850.aspx>.

Reynoso, Carlos, "La mujer en el trabajo", en *Revista Laboral*, núm. 65, México, 1998.

Riera, Isaac, "La voluntad debilitada", en *Istmo*, Coloquio, núm. 224, México, 1998.

Rojas de González, Nelly, *La pareja. Cómo vivir juntos*, Bogotá, Planeta, 1995.

Rugarcía, Armando, "Diez mandamientos para la educación de los hijos", en *Fuego para el propio conocimiento*, México, UIA, 1997.

Salvoldi, Valentino y Bernard Häring, *Tolerancia: para una ética de solidaridad y paz*, Bogotá, Hijas de San Pablo, 1995.

Satir, Virginia, *Vivir para amar. Un encuentro con los tesoros de tu mundo interior*, México, Pax, 1996.

Savater, Fernando, *Ética para Amador*, México, Planeta, 1997.

Sección de Protección Infantil, División de Programas, Unicef, "Protección infantil contra el abuso y la violencia. La trata de niños y niñas", en *Unicef*, disponible en: <http://www.unicef.org/spanish/protection/ index_exploitation.html>.

Subsecretaría de Educación Media Superior, *2a. encuesta de exclusión, intolerancia y violencia*, México, 2013.

Sue Stern, Ellen, *La mujer indispensable*, México, Paidós, 1990.

Valencia, Ana Paulina, "Una generación adicta a los likes", en *Reporte Índigo*, 23 de junio de 2014, disponible en: <http://www.reporteindigo.com/piensa/tecnologia/una-generacion- adicta-los-likes>.

Vidal, Patricia, *Árbol que crece torcido… sólo el amor lo endereza*, México, Tespo, 1995.

Watson, Emma, "La igualdad de género también es problema de ustedes", en *ONU Mujeres*, 20 de septiembre de 2014, disponible en: <http://www.unwomen.org/es/news/stories/2014/9/emma-watson-gender-equality-is-your-issue-too>.

Weisbrot, Mariela A. y Nanci Giraudo, "Conceptos y percepciones de las abuelas sobre el cuidado de sus nietos. Estudio cualitativo en una población del Hospital Italiano de Buenos Aires", en *Archivos Argentinos de Pediatría*, vol. 110, núm. 2, Buenos Aires, marzo-abril 2012, disponible en: <http://www.scielo.org.ar/scielo.php?pid=script=sci-arttext>.

Williams, Paul, "¿Qué es lo que llevamos por dentro realmente?", en *Recuerda tu esencia*, México, Diana, 1993.

Wilson Schaef, Anne, *Meditaciones para mujeres que hacen demasiado*, Madrid, EDAF/Nueva Era, 1993.

Yousafzai, Malala, "Pensaron que con sus balas nos callarían, pero se equivocaban", en *El Diario*, 15 de julio de 2013, disponible en: <http://www.eldiario.es/desalambre/Pensaron-balas-callarian-equivocaban_0_153634923.html>.

Zunino E., Noelia, "El desconocido poder de los padres sobre sus hijas", en *La Tercera*, 4 de febrero de 2012, disponible en: <http://diario.latercera.com/2012/02/04/01/contenido/tendencias/26-99399-9-el-desconocido-poder-de-los-padres- sobre-sus-hijas.shtml>.

Dios mío, hazme viuda por favor de Josefina Vázquez Mota
se terminó de imprimir en febrero de 2023
en los talleres de
Impresora Tauro, S.A. de C.V.
Av. Año de Juárez 343, col. Granjas San Antonio,
Ciudad de México